HUGUES **DAYEZ**

POELVOORDE

L'INCLASSABLE

ENTRETIENS **(1992-2015)**

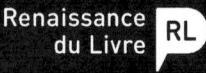

Avenue du Château Jaco, 1 - 1410 Waterloo
www.renaissancedulivre.be
f Renaissance du Livre
🐦 @editionsrl

Couverture et mise en pages : [nor]production
www.norproduction.eu

Photo Première de couverture : (c) Eddy Brière
Photo Quatrième de couverture : (c) Philippe Kempen
Corrections : Christelle Legros / *La Plume alerte !*
Imprimerie : Bestingraphics (Pologne)

ISBN : 978-2-50705-330-7
Dépôt légal : D/2015/12.763/41

HUGUES **DAYEZ**

POELVOORDE

L'INCLASSABLE

ENTRETIENS (1992-2015)

LA PREM1ÈRE Renaissance du Livre

sommaire

avant-propos

Régulièrement, on me pose la question : « Vous qui avez déjà rencontré tellement de stars dans votre carrière, lesquelles vous ont le plus impressionné ? » Selon mon humeur, je réponds Audrey Hepburn ou Cate Blanchett, Steven Spielberg ou Dustin Hoffman, Jeanne Moreau ou Fabrice Luchini… Depuis plus de vingt-cinq ans que je pratique ce singulier métier de journaliste et critique de cinéma, la liste est forcément longue.

Mais, dans cette liste, Benoît Poelvoorde occupe une place unique. Parce que j'ai vu débouler, sans crier gare, ce grand gaillard un jour de mai 1992 sur la Croisette et que, tout excité par sa performance dans *C'est arrivé près de chez vous*, j'ai réalisé la toute première interview de sa carrière. Il ne l'a jamais oubliée, moi non plus.

Depuis ce moment, nos routes se sont croisées un nombre incalculable de fois. Très complice avec mon ami Rudy Léonet, Benoît est venu régulièrement dans son émission « 5 Heures » où j'ai pu assister à des délires radiophoniques inoubliables. En 1998, Benoît et moi avons fait partie du jury du Festival de la bande dessinée d'Angoulême, présidé par le génial dessinateur Daniel Goossens, et je me souviens avec quelle conviction Poelvoorde s'est fait l'avocat passionné du talent de Nicolas de Crécy, pour lui faire obtenir l'Alph-Art du meilleur album.

Généreux de son temps et de son talent, Benoît Poelvoorde est venu ensuite à plusieurs reprises me prêter main-forte sur des projets inhabituels : une émission de prestige sur Bruxelles pour TV5, un face-à-face avec le cinéaste belge Alain Berliner devant une salle noire de monde dans le cycle des « Grandes conférences catholiques »… Quoique de plus en plus sollicité par les médias, Benoît trouvait toujours le temps de participer à ces rendez-vous en marge de ses « tournées promo ».

Par ailleurs, en tant que « Monsieur Cinéma de la RTBF », je rencontrais bien évidemment *aussi* l'acteur belge lors de ces tournées, et, à chaque fois, nous avions le sentiment de reprendre tout naturellement le fil d'une conversation interrompue quelques mois plus tôt. Mais, s'il y a une véritable connivence entre nous, il n'y a pas pour autant de complaisance : Benoît sait que je n'ai pas été tendre avec certains de ses films, et l'accepte toujours avec un total fair-play.

Au fil du temps, je me suis rendu compte que les hasards de la vie avaient fait que j'étais sans doute le journaliste qui avait suivi de plus près la carrière de Benoît Poelvoorde. Je n'ai pas pour autant la prétention d'écrire sa biographie : lors de nos entretiens, je me suis toujours gardé de lui poser la moindre question sur sa vie privée, sans doute parce que ce genre de journalisme n'a jamais été le mien… Par contre, j'ai eu envie de réécouter et de retranscrire les entretiens les plus significatifs que nous avions eus ensemble. Car l'évolution de son discours sur le cinéma en général et le métier d'acteur en particulier est révélatrice d'un artiste qui se pose en permanence des questions. Le « vrai » Benoît Poelvoorde se révèle-t-il dans ces entretiens ? Je n'ai pas la prétention de l'affirmer, mais je sais que le profil qui s'en dégage est loin de l'image d'« amuseur public » derrière laquelle il aime parfois se réfugier…

Que vous souhaiter, si ce n'est « Bonne lecture » ?

Hugues Dayez
Août 2015

C'EST ARRIVÉ PRÈS DE CHEZ VOUS

1992

Une
naissance-surprise
dans le cinéma

Le Festival de Cannes, c'est un iceberg. La partie la plus visible, la plus médiatisée, c'est évidemment la compétition de la Sélection officielle. Mais la partie la plus imposante, ce sont les innombrables sections parallèles : « Un Certain Regard », « Cannes Classics », « La Quinzaine des Réalisateurs » (sorte de festival off né après Mai 68)… Sans compter les projections du Marché du Film, où producteurs/vendeurs et distributeurs/acheteurs négocient des films du monde entier.

Enfin, il y a une section discrète, mais très prisée, « La Semaine de la Critique ». Comme son nom l'indique, c'est une sélection de films inédits opérée par des critiques de cinéma. Leur philosophie ? Programmer peu de films − sept longs-métrages en tout et pour tout − pour pouvoir bien les défendre pendant le marathon cannois. En mai 1992, la 31ᵉ édition de la Semaine de la Critique a sélectionné C'est arrivé près de chez vous *de Rémy Belvaux, Benoît Poelvoorde et André Bonzel. Les deux premiers sont des Namurois, copains d'enfance, le troisième est Français. Rémy et André ont étudié ensemble à l'INSAS, une école de cinéma bruxelloise. Benoît, fils d'une épicière et d'un routier décédé alors qu'il était enfant,* a, quant à lui, intégré l'ERG, l'École de recherche graphique à Bruxelles, pour s'orienter vers l'illustration pour enfants.

Tourné en noir et blanc avec des moyens dérisoires, C'est arrivé près de chez vous se présente comme un pseudo-reportage ; une équipe de télévision suit les agissements d'un tueur en série, Ben, incarné par Poelvoorde. Face à la caméra, avec un bagou digne de l'entraîneur de football Raymond Goethals, Ben explique comment il choisit ses victimes, comment il opère, et passe volontiers à l'action devant l'objectif complice de ses nouveaux amis reporters… Le film démarre au quart de tour, maniant un humour noir irrésistible, pour ensuite glisser vers un carnage de plus un plus « gore ». Ce changement de ton ne plaira pas à tout le monde, mais qu'à cela ne tienne : « C'est arrivé » est un véritable ovni cinématographique qui suscite une curiosité énorme dès ses premières projections publiques dans une petite salle de cinéma attenante à l'hôtel Miramar. Autrement dit, le film « fait le buzz » – même si l'expression n'existait pas à l'époque.

À la « fête des Belges » – cocktail organisé sur une plage de la Croisette par les promoteurs officiels du cinéma belge francophone –, le trio débarque. Rémy et André ont des longs cheveux rebelles, Benoît, la coupe presque militaire. Mon cameraman place trois chaises côte à côte sur le sable ; je les invite à s'asseoir pour répondre à la première interview de leur carrière…

**Pour commencer, une question toute simple :
qui a eu cette idée de faire un pseudo-reportage
sur un tueur ?**

Rémy : L'idée vient de moi. Et pour résumer, le principe
était de faire une sorte de critique des reality-shows actuels.
Comme nous adorons le cinéma, nous étions prêts à tout
pour faire un film et les gens sont prêts à tout pour passer
devant la caméra. Donc, c'est assez facile de faire un film !
Haha !

**Sur le plan stylistique, le film est aussi
une critique du langage de « Strip- tease »
et de ce genre d'émission ?**

Rémy : Oui, évidemment, nous nous sommes beaucoup
inspirés de tout ce qu'on pouvait voir à la télévision comme
« Strip-tease »… Mais nous avons nous-mêmes fait des
reportages, et nous connaissons un peu le jeu de la manipu-
lation des images, donc…

**Benoît, je crois que le film s'est tourné en plusieurs
phases, par petites étapes, vu son budget assez
ridicule… Dans ces conditions, comment conserver
la cohérence de ce personnage ?**

Benoît : D'abord, nous revisionnions souvent les rushes de
ce que nous avions déjà tourné, car il y avait effectivement
des périodes de creux ; nous restions parfois trois mois sans
tourner ! Ensuite, avec Rémy, nous avons trouvé un truc, ne
fût-ce que pour l'accent – car le personnage a un accent qui
n'est pas vraiment identifiable –, nous avions défini des posi-

tions de la bouche pour le retrouver assez vite, en fait ! C'est cet accent qui m'a le plus ennuyé. Sinon, en ce qui concerne l'esprit – même du personnage, il est resté là en permanence.

Le fait que le film soit à très petit budget, est-ce que cela comporte aussi des avantages ?

Rémy : Oui, bien sûr, car nous sommes nos propres producteurs ! Ça, c'est très avantageux !

André : Le fait d'avoir pu arrêter le tournage… Nous n'avions pas d'argent, mais nous avions du temps, et comme nous étions nos propres producteurs, nous avions la liberté de faire ce que nous voulions ! Il n'y avait personne pour nous dire « Ça, ça ne va pas » ; nous n'avions de compte à rendre à personne, et ça, c'est plus précieux que tout ! Surtout pour ce genre de film ! Nous aurions eu un producteur, c'est sûr qu'il y a des séquences où il aurait dit : « Ça, non ! »

Certains moments dans le film sont d'un humour noir terriblement féroce… Vous allez jusqu'au bout de l'humour noir avec des séquences d'un mauvais goût assumé… Vous êtes-vous demandé jusqu'où on peut aller ?

Rémy : En fait, nous, on trouve que tout ce qu'on voit dans les reality-shows, « La nuit des héros » et tout ça, c'est beaucoup plus impudique…

Benoît : Oui, c'est beaucoup plus vulgaire que ce nous avons fait, je suis d'accord avec Rémy ! Et je trouve qu'on pouvait aller très loin parce que, dans la mesure où on prend un tueur pour faire un reportage sur lui, c'est déjà tellement absurde en soi qu'on pouvait le mettre dans des situations terribles et lui faire dire des choses énormes, puisque son métier, déjà en soi, est quelque chose d'énorme et d'impensable ! On ne laisse pas en liberté un mec qui tue froidement trente personnes ! Donc, on pouvait lui faire dire tout ce qu'on voulait et cela nous a permis naturellement d'aller très loin dans le sordide et le mauvais goût !

Le film a un côté surréaliste, tout comme votre aventure à Cannes : ce film n'a pas de producteur, n'a pas encore de distributeur en Belgique, c'est vraiment un ovni et il arrive dans une sélection assez prestigieuse sur la Croisette ! Ça mérite un petit mot d'explication...

Rémy : Eh bien, au moment du montage, nous avons rencontré des gens à Paris qui nous ont persuadés de tenter le coup et de nous présenter à « La Semaine de la Critique ». Là, le comité de sélection a tout de suite bien aimé le film... Après, ça a été très très vite ; nous avons dû finir le mixage à toute vitesse, nous étions sur les genoux... En arrivant, nous avons découvert les journalistes, les distributeurs...

Justement, comment décrire le parcours du combattant à Cannes ?

Benoît : Très éprouvant !

Rémy : Ah, ça fait deux jours que ça dure, et on est vannés !

Comment voyez-vous ce festival ? Comme une usine ou comme un rêve ?

Benoît : Ça a encore un aspect « rêve », mais, vu de notre côté, c'est quand même très difficile ! Il faut être blindé et avoir un foie en béton !

Quelques jours plus tard, délaissant brièvement la compétition officielle et le jury, présidé cette année-là par Gérard Depardieu, je fixe rendez-vous avec nos trois compères pour faire le point sur l'évolution de la carrière de leur film sur la Croisette. Je les retrouve au quartier général de « La Semaine de la Critique ». Ils ont le sourire aux lèvres, mais on sent la fatigue qui s'accumule…

Rémy : En fait, pour le moment, nous sommes complètement dépassés : entre les journalistes, les gens que nous rencontrons, les distributeurs étrangers qui s'intéressent au film… Nous avons déjà dû faire une bonne trentaine d'interviews…

Benoît : Télévision, presse écrite, radio… En plus, on court de droite à gauche : quand c'est pour la télé, on doit courir d'un hôtel à l'autre…

Rémy : Ce qui est marrant, c'est qu'il y a eu des émeutes pour rentrer dans les salles ! Elles sont archicombles, les vigiles doivent rentrer dans les salles…

Benoît : La réalité du film a dépassé la fiction : les spectateurs se sont battus pour rentrer !

André : Au fur et à mesure des projections, le nombre des spectateurs a augmenté. Et le deuxième jour, lors de la dernière projection, le soir à 22 h 30, ils ont refusé du monde.

Vous allez assister aux projections ?

Rémy : Non ! On a la trouille !

Benoît : Nous n'avons jamais le temps d'en voir une ! À la toute première, nous sommes sortis dès le début et, après, nous n'avons plus jamais eu le temps ! Nous avons assisté à la fin d'une projection parce qu'il y avait un « face au public » qui s'est plutôt bien passé, mais, sinon, on ne voit jamais les séances. Donc, s'il y avait une couille pendant celles-ci, on ne le saurait même pas.

Il y a beaucoup de critiques négatives, positives ? Comment est-ce que ça réagit ?

Benoît : On a une critique négative dans *L'Humanité*… C'est-à-dire qu'ils disent exactement la même chose que ce que les autres disent, mais ils n'aiment pas le film.

Rémy : Ils disent exactement ce qu'on dit dans notre film, mais ils ne le comprennent pas.

Benoît : Sinon, pour l'instant, on n'a que du positif.

Vous avez déjà vendu le film dans plusieurs pays ?

André : Dans quelques-uns, oui ! Mais bon, il y a encore pas mal de tractations en cours…

Rémy : Ce qu'on peut dire, c'est qu'on est invités au Festival de Tokyo.

Vous allez pouvoir vous acheter des gros cigares ?

Benoît : Mais nous avons déjà nos cigares ! Nous avions dit que nous les fumerions après Cannes ! Cigares, lunettes de soleil, femmes superbes à gros seins…

Rémy : … et panamas !

Benoît, il y a beaucoup de spectateurs qui se demandent si vous êtes vraiment un acteur, si vous avez l'accent de Ben le tueur dans la vie… Cette interview est l'occasion pour vous de mettre les choses au point !

Benoît : Ah oui, je n'ai absolument aucun rapport avec ce dérangé, avec ce « monstre » – comme l'a appelé une journaliste italienne ! Je pense que, si j'étais le monstre, elle ne me l'aurait pas dit en face !

**Il y a vos mères qui jouent dans le film…
Vos mères sont au courant de votre parcours ici à Cannes ? Est-ce que vos mères ont vu le film ?**

Rémy : Moi, ma mère a vu le film. Elle est même venue à Cannes pour le voir. Je crois qu'elle a été très surprise et qu'elle s'est souvent caché les yeux, quoi ! Elle a traité Benoît de salaud !

Conflit de générations ?

Rémy : En quelque sorte !

Benoît : Pour ma part, la mienne ne l'a pas vu, et maintenant, je vais bien être obligé de le lui montrer ! J'avais prévu au départ de ne pas le lui montrer, pensant que ça ne ferait pas trop de bruit, que ce serait une petite sortie discrète dans une petite salle en Belgique… Maintenant, avec tout le bazar qu'il y a autour de nous, c'est impossible que je lui dise : « Ne viens pas le voir ! » Donc, elle devra bien le voir… Au départ, nous avions pensé couper certaines scènes, l'édulcorer pour nos parents ; à présent, ce n'est plus possible !

Sincèrement, comment accueillez-vous le phénomène à Cannes ? Vous êtes contents, soulagés, anxieux ?

Rémy : En fait, c'est tout à la fois !

Benoît : Oui, c'est ça !

Rémy : C'est vraiment le stress ! Nous sommes contents, mais nous n'avons pas le temps de profiter, nous n'avons pas le temps de laisser décanter un peu… C'est fou !

André : Oui, parce que ça prend une telle ampleur… Quand nous allons quelque part, nous en entendons parler derrière notre dos ou dans d'autres langues…

Rémy : Parfois, on se fait insulter…

Benoît : Ou bien je me fais photographier à côté de quelqu'un qui tend son appareil à bout de bras ; on vient me féliciter dix fois en disant : «Vous êtes fous ! » Quelque part, c'est amusant, ça fait plaisir, on en a tous rêvé, mais, en même temps, ça fait très peur, on a parfois l'impression qu'ils n'ont pas vu le même film ! On se dit : « Ils vont peut-être se rendre compte que ce n'est pas le nôtre ! » Et puis non, c'est toujours le même titre, hahaha !

André : En fait, le film nous échappe. C'était un truc fait artisanalement, entre nous, pour rigoler…

Rémy : Comme carte de visite…

André : Oui, c'est ça, nous pensions que ça marcherait bien auprès des cinéphiles, mais là, ça nous échappe complètement, ce n'est plus nous qui nous en occupons, c'est dans les mains d'autres personnes…

Est-ce que, dans la manière de percevoir le film, il y a beaucoup de gens qui se rendent compte de la dimension caustique, de votre critique des reality-shows, ou bien il est plus souvent perçu comme une pochade, voire un film violent au premier degré ?

Rémy : Du côté des critiques professionnels, là, ils perçoivent assez vite – à part *L'Humanité* – la critique des reality-shows. Je crois, par contre, que, du côté du public, c'est moitié-moitié : il y a des gens qui ont du mal à l'avaler !

Benoît : Ce qui nous surprend beaucoup aussi, c'est que beaucoup de gens le voient – dont beaucoup de jeunes (on a fait la projection au Studio 13, avec le face à la presse, il y avait énormément de jeunes dans la salle) – et eux s'en foutent un peu de la critique de la télévision induite dans le film, ils le voient comme un truc où ils se fendent la gueule… Ils se disent : « Waw, enfin des gens qui osent ! »… Ils ne nous posent jamais des questions du style « Vous critiquez ceci ou cela », non, ils nous félicitent : « Bonne idée d'avoir fait ça ! Enfin quelque chose qui bouge ! » C'est plus le mouvement que représente le film que son fond qui plaît aux adolescents. C'est plutôt avec les adultes qu'il peut y avoir de la polémique.

André : Ce qui se passe, c'est que les gens rient beaucoup et ensuite, ils culpabilisent parce qu'ils réalisent de quoi ils ont ri ! La chaîne CANAL + est allée réaliser des micros-trottoirs à la sortie des salles et les gens avaient beaucoup de mal à dire : « Oui, j'ai rigolé », ils avaient du mal à l'admettre parce qu'ils avaient le sentiment de s'être un peu fait piéger.

Donc, ce qui fait la force du film, c'est d'abord son ambiguïté…

Rémy et André : Ah, c'est sûr !

Benoît : C'est ce qu'on voulait ! On ne voulait pas que le film soit simplement une parodie de la télévision avec un tueur. On voulait que ce soit comique et puis que ça bascule et que ça mette les gens mal à l'aise au moment où ça bascule ! Et là, on a réussi notre coup parce qu'il y a des gens qui sont favorables au basculement et puis d'autres qui ne l'acceptent pas du tout ; ils auraient préféré qu'on continue à rire… À la limite, ceux-là auraient demandé une suite : « Encore ! Encore ! Faites changer de pays à Ben ! », etc.

André : Or la violence et les scènes difficiles contribuent à la force du film et à son impact. Sans cela, il passerait beaucoup plus inaperçu, à mon avis…

Rémy : Oui, ce serait plus mou…

> **Est-ce que vous, comme spectateurs, il vous met parfois mal à l'aise ?**

Benoît : Oui, moi, la scène du viol par exemple, je ne sais toujours pas la regarder ! Il n'y a rien à faire, d'autant que c'est moi, le violeur… Enfin, on passe tous dessus, mais j'ai toujours le sentiment que c'est moi le plus sale dans cette scène.

Rémy : On parle souvent du viol, on parle souvent du gosse, par contre, tout le monde semble accepter la scène du petit Grégory qui remonte en olive dans un cocktail… Or je trouve cette scène parfaitement ignoble et pourtant elle passe beaucoup plus facilement, c'est très bizarre !

> **Vous sentez parfois comme il est difficile de commencer une carrière dans le cinéma avec un film aussi « à part » ? Parce que ce n'est pas un coup qui se réédite…**

Benoît : Ça fait partie des choses qui font peur !

Rémy : Et le suivant, ce ne sera plus avec les mêmes moyens de production… À moins qu'on le veuille, quoi !

Dernière question : vous attendez le palmarès de la Caméra d'or avec impatience ?

Rémy : le mixeur du film nous a dit très justement que la Caméra d'or, ce serait la cerise sur le gâteau… Nous sommes déjà comblés, en fait !

Benoît : Nous sommes comblés, nous avons vendu le film, il est distribué, on va pouvoir le passer partout. Pour nous, c'est le plus beau succès que nous pouvions avoir : nous n'avions rien, et nous avons tout ça ! On va peut-être pouvoir en faire un autre sans problème… La Caméra d'or, oui, ce serait magnifique, mais nous n'y songeons pas trop, sinon, nous allons être déçus.

C'est arrivé près de chez vous *ne remportera pas la Caméra d'or ; le prix du meilleur premier film du Festival de Cannes ira à* Mac *de l'acteur américain John Turturro. Mais le film de Bonzel, Belvaux et Poelvoorde décrochera quand même le prix de la SACD, la célèbre société des auteurs. Et même si le film divise la critique, il fait d'ores et déjà partie des vraies sensations de ce « Cannes 1992 ». Le public belge doit attendre l'automne pour découvrir le film en salles. Histoire de varier les plaisirs, pour annoncer cette sortie par un nouveau reportage, je décide d'emmener Benoît Poelvoorde sur « les lieux du crime », autrement dit sur le décor extérieur d'une des premières scènes du film, celle où Ben se déguise en facteur…*

**La scène du facteur a été tournée ici
rue de la Tulipe, à Ixelles...
Le choix des lieux était indifférent
ou répondait à une raison précise ?**

Ici, dans le cas présent, ça va vous paraître un peu décevant, car nous avions pris cet endroit-ci tout simplement parce que Rémy « kotait » à cinquante mètres, et comme c'est nous qui transportions le matériel et que nous le stockions chez Rémy, c'était beaucoup plus simple de choisir un endroit tout près de chez lui.

**Sinon, le film a des allures de reportage,
mais tout était en réalité très préparé,
très pensé...**

Ah oui, les gens ont du mal à le croire, mais c'était très préparé ! Il y a même eu des dessins préparatoires pour certaines séquences.

**Cet ancrage dans Bruxelles lui donne
une couleur particulière, selon vous ?**

Moi je pense ! Mais il n'y a pas seulement Bruxelles, il y a Namur, il y a Mons... On adore les décors belges ; nous avons toujours vécu ici, nous avons fait nos études à Bruxelles, nous sommes nés à Namur, à Philippeville ou à Couvin, dans le cas de Rémy... Ce sont des décors qu'on connaît et qu'on apprécie ; c'était inutile pour nous d'aller les chercher dans des villes qu'on connaît moins bien, et puis je trouve aussi que ça répond à la réalité des gens et du personnage du film.

D'un point de vue plus personnel, est-ce que ce personnage de Ben le tueur est embarrassant à porter depuis que le film est sorti ?

Pas embarrassant, mais… C'est-à-dire que, depuis que le film est sorti, les gens n'arrivent pas à concevoir parfois qu'on a ÉCRIT le texte ! Donc, quand on m'accoste dans la rue pour me demander si j'ai mon flingue, ou quand les gens rigolent avec moi s'attendant à ce que je sorte une grande phrase comme dans le film, comme si je les avais pondues comme ça, naturellement ! Et je ne trouve jamais de phrase suffisamment drôle pour qu'ils reconnaissent le personnage, ce qui fait qu'en général, ils sont déçus ! Ce n'est pas embarrassant, simplement, je suis plutôt ennuyé de ne pas être capable de répondre à ce qu'ils attendent de moi.

Est-ce que le film vous apparaît aussi comme difficile pour une suite de carrière ? Parce que le rôle est tellement fort…

Non, ça ne me gêne pas… Quant à savoir si les gens vont me cataloguer dans un type de rôle ? Je ne crois pas, car j'ai déjà eu des propositions, et ce sont des rôles d'intello ou des trucs tout à fait cérébraux… Donc je ne crois pas que ça va me lier à des rôles d'action… Je n'ai pas vraiment le physique, je ne suis pas Mel Gibson !

MODÈLE DÉPOSÉ

1994

Rapidement, C'est arrivé près de chez vous *devient un film « culte » auprès de la jeune génération ; certains spectateurs connaissent par cœur des répliques de Ben le tueur (« Cinéma, cinémaaa ! », « Gamin, reviens ! C'était pour rire »…) et attendent avec impatience de revoir Benoît Poelvoorde dans un deuxième film. Surprise ! C'est sur les planches qu'il décide de poursuivre son trajet de comédien. Début 1994, dans la ville universitaire de Louvain-la-Neuve, il monte un one-man-show intitulé* Modèle déposé *avec la complicité de Bruno Belvaux, le frère aîné de Rémy, et de Jean Lambert.*

Petites lunettes rondes, cheveux coupés ras, engoncé dans un pull à col roulé et un imperméable couleur mastic, Benoît Poelvoorde est René Altrus, un chercheur qui s'installe dans un café pour y attendre sa femme. Très vite, René apostrophe les clients du café – autrement dit, les spectateurs dans la salle – pour leur confier son amertume : sa dernière invention, destinée aux aveugles, n'a pas remporté le succès escompté alors que sa femme Mélissa est en train de faire un tube avec un quarante-cinq tours intitulé Je m'en vais… *Un titre prémonitoire.*

Je retrouve Benoît Poelvoorde dans sa loge à l'issue du spectacle, au Palais des Beaux-Arts de Bruxelles.

Tout le monde vous attendait sur les écrans dans un deuxième film et vous arrivez au théâtre avec, comme pour *C'est arrivé près de chez vous*, un projet totalement original sous forme de « one-man-show »... Comment s'est instaurée cette idée-là ?

L'idée est venue du fait que Rémy et moi voulions faire le prochain film ensemble et que ce que l'on m'a proposé entre-temps ne me semblait pas intéressant... Et, quand son frère Bruno m'a proposé l'idée d'un type qui attend sa femme dans un café, j'ai sauté dessus ! Je trouvais ça difficile parce que je n'avais jamais fait de théâtre, mais je me suis dit : « Allons-y, lançons-nous dans une aventure qui m'est inconnue ! »

Pendant le tournage de « C'est arrivé », vu le maigre budget, il y avait peu de prises et beaucoup de plans-séquences ; vous deviez déjà avoir cette espèce de verve en continu... Mais on est encore loin d'un monologue d'une heure quarante ! Comment passe-t-on du travail morcelé du cinéma à la fluidité d'un « seul en scène » ?

Ça a été très dur tant au niveau du jeu qu'au niveau de l'écriture. Au cinéma, comme vous le signalez, vous avez l'avantage de pouvoir couper, de faire intervenir d'autres personnages pour amener les informations... Dans un monologue au théâtre, vous ne pouvez pas couper, vous ne pouvez pas faire de montage ; toutes les informations doivent être communiquées par le seul personnage qui est sur la scène. Au niveau de l'écriture, c'était très difficile de ne pas ralentir le rythme et, au niveau du jeu, je crois que c'est une discipline qu'on acquiert au cours des répétitions. J'étais avec Jean Lambert qui, lui, est un vieux loup du théâtre, ça fait vingt ans qu'il en fait ; il m'a beaucoup « drillé », cassé dans mes tics de cinéma. Un exemple : au cinéma, l'acteur peut murmurer. Au théâtre, on est tenté de murmurer dès qu'il y a des trucs plus difficiles à dire, plus intimes… Or on ne peut pas murmurer au théâtre ! Il faut trouver un ton qui fait que, même si vous criez, vous devez faire passer ça comme un murmure. C'était difficile, mais j'étais entouré de Bruno Belvaux, le frère de Rémy, et de Jean ; j'avais deux metteurs en scène pour moi tout seul et j'étais pris en main par le centre de Louvain-la-Neuve où le projet a commencé il y a un an. J'ai beaucoup travaillé ; on a eu deux mois de répétitions, et c'est ce travail qui a permis de casser mes « tics » de cinéma… Pour le peu que je puisse avoir des tics, puisque je n'ai fait qu'un film, mais, malgré tout, on acquiert vite des systématismes.

Vous avez étudié à l'ERG, l'École de recherche graphique à Bruxelles, vous n'avez aucune formation de cinéma ni de théâtre… Est-ce qu'il ne faut pas une solide dose d'inconscience pour se lancer seul sur scène non pas dans une suite de sketches, mais dans un vrai monologue ?

Ah ça oui, tout à fait ! J'en ai pris conscience après avoir joué les dix premières représentations à Louvain-la-Neuve… Je crois qu'au début, j'ai joué à un niveau en dessous de tout ce que j'ai jamais pu faire, tellement j'étais nerveux ! Le personnage doit être nerveux au départ, mais pas à ce point ! Là, je ne savais même plus tenir une feuille dans ma main ! C'est à ce moment-là que vous vous dites : « Comment est-ce que j'ai pu passer le cap des cinq minutes entre 20 h 15 et 20 h 30 et monter sur scène sans vomir, sans dire "Non ! Je refuse d'y aller" ? » C'est à ces moments-là que j'ai réalisé que j'étais vraiment inconscient… Il fallait, en effet, une solide dose d'inconscience, mais je pense que, quand on a envie d'être comédien – si comédien je suis – on se nourrit du désir de s'extravertir. Rien ne sert de résister, c'est quelque chose de plus fort que vous ! C'est une inconscience saine ! C'est comme le trac : il se transforme en énergie ! Vous avez tellement peur… Moi, par exemple, pendant les vingt minutes qui précèdent le spectacle, je ne peux regarder que mes pieds. Il ne faut surtout pas que je me regarde dans une glace, sinon, je me vois, moi, en train de monter sur scène et alors je prends conscience que je vais avoir trois cents personnes devant moi à qui je vais parler, seul, et que, si je m'arrête, c'est le silence ! Vous n'imaginez pas la peur qui m'étreint, c'est horrible ! Je crois que j'ai déjà joué *Modèle déposé* septante-six fois et, à chaque représentation, j'ai peur ! C'est ce mélange de peur et d'envie qui est très bizarre chez le comédien, je crois…

Il y a eu une première série de représentations ; maintenant, vous reprenez le spectacle en tournée… Est-ce que votre désir de jouer ce spectacle reste identique ou devez-vous déjà lutter contre une certaine routine ? Ou alors, est-ce que le spectacle a évolué ?

Ah oui, tout à fait ! Par rapport à la création à Louvain-la-Neuve, nous avons changé toute la seconde partie.

C'est la preuve que le spectacle évolue et il évolue tous les soirs ! Et puis, il n'y a rien à faire, je ne parviens pas à ressentir une routine. La preuve : ce soir, c'était ma première à Bruxelles, mais il y a quatre jours, je jouais à Dinant et à Rochefort… Ce n'était donc pas une vraie première, mais jouer devant le public bruxellois, je ne sais pas pourquoi, me faisait horriblement peur. J'ai l'impression qu'il est plus réservé, plus difficile à convaincre, car il y a tellement de spectacles à Bruxelles ! On m'a souvent dit : « À Bruxelles, c'est un public exigeant, mais pas blasé. » Et c'est vrai ! Mais cela signifie qu'à chaque spectacle, j'ai une raison différente d'avoir peur ! Où que j'aille, j'ai toujours une raison de me dire : « Cette fois-ci, c'est celle-ci qui n'ira pas ! » Et je joue chaque fois en me disant : « Il ne faut PAS que ce soit celle-ci qui n'aille pas ! » Donc, ce n'est JAMAIS une routine ! La seule routine peut-être se produit quatre heures avant de jouer. Après 16 heures, je sais que quoi que je fasse, c'est toujours la même chose : je suis complètement dedans ! Je ne sais rien faire d'autre que d'y penser. Par contre, une fois que je suis sur scène, ce n'est JAMAIS la même chose ; je n'arrive jamais à avoir le même débit… Il y a des moments où ça passe très bien et d'autres… Par exemple, ce soir, je suis très content de la première partie alors que Jean et vous-même m'avez dit : « Tu étais trop nerveux au début » ; en revanche, j'aimais moins la seconde partie alors que le public semble l'avoir préférée. Ça change tous les jours et ceux qui viennent me voir jouer souvent, comme Jean et ma femme, ne sont jamais d'accord avec moi ! Donc, la routine, c'est impossible qu'elle s'installe… Ou alors, je serais un acteur qui aurait joué cette pièce quatre mille fois et qui sait où respirer sur chaque réplique… Mais je n'en suis pas encore à ce stade-là !

Le plus gros défi, c'était de faire oublier le personnage de Ben le tueur ?

Oui, c'est d'ailleurs le plus beau compliment qu'on peut me faire, quand on me dit : « On a oublié Ben en te voyant » ! C'est très difficile parce que c'est un personnage qui m'a collé à la peau. Les personnes qui m'ont rencontré après « C'est arrivé » voulaient que je sois Ben ! Et quand elles viennent me voir au théâtre, il y a une partie d'entre elles qui veut voir Ben sur scène ! Alors, quand on me dit à l'issue du spectacle : « Magnifique, c'est un autre personnage », je suis tout content ! La plus belle critique qu'on m'ait faite, c'était lors d'un micro-trottoir. Un jeune disait : « C'est formidable », et quand on lui demandait d'expliquer pourquoi, il disait : « C'est Benoît ! » Il parlait de moi comme s'il me connaissait ! J'étais super heureux…

Vous pourriez imaginer maintenant de jouer, je ne dis pas *Le Cid de Corneille*, mais un texte classique d'un auteur déjà joué par d'autres ? Ou vous avez besoin de créer vos projets avec vos copains ?

C'est vrai que je préfère travailler avec mes amis ; c'est deux fois plus excitant ! Et n'ayant pas fait de formation théâtrale ni cinématographique, je pense que je n'ai pas les épaules pour tenir un rôle comme celui d'Argan dans *Le malade imaginaire*. Quand je vois Armand Delcampe qui le joue à Louvain-la-Neuve, je suis vraiment impressionné ! Je sais que je ne suis pas encore prêt à faire ça... Peut-être que, dans dix ans, si je continue à faire du théâtre, je me sentirai capable d'essayer, mais là, honnêtement, je peux vous dire que c'est loin d'être le cas !

LES
RANDONNEURS
1997

Le
retour
au cinéma

Fort de son succès, Modèle déposé *tente sa chance à Paris et s'installe à la rentrée 1995 au Café de la Gare. Parmi les spectateurs qui viennent le découvrir se trouve le cinéaste Philippe Harel. Il est l'auteur de deux comédies aigres-douces,* Un été sans histoire *et* L'histoire du garçon qui voulait qu'on l'embrasse. *Harel est séduit par Poelvoorde : « Benoît a un tel pouvoir de sympathie ! Il peut jouer des personnages odieux de façon à ce qu'on les aime ! C'est un peu comme de Funès : on aime le voir vil ! On aime le détester ! » avoue-t-il bien volontiers. Il propose à Benoît un rôle dans sa nouvelle comédie,* Les Randonneurs : *celui d'Éric, un guide qui accueille quatre Parisiens dans les reliefs corses sur les sentiers du GR 20. Éric est marié, mais flirte avec Nadine (Géraldine Pailhas). Autour d'eux, Cora (Karin Viard) qui rêve du grand amour, Mathieu (Vincent Elbaz) et Louis (Philippe Harel) qui espèrent trouver dans cette randonnée un dérivatif à leurs situations sentimentales compliquées… Si cette comédie assez convenue dégage un certain charme, c'est d'abord grâce à la bonne alchimie qui se dégage entre les cinq comédiens, chacun parfaitement crédible dans son rôle. C'est la première fois que Poelvoorde se frotte à un jeu collectif…*

Sur le papier, j'imagine que ce guide de randonnées pourrait être un moniteur avec un physique de Thierry Lhermitte dans *Les Bronzés*... Quelle a été votre réaction à la lecture du scénario ?

J'ai rencontré Philippe après le spectacle *Modèle déposé*. C'était la première fois qu'un réalisateur me disait : « Ce n'est pas "C'est arrivé" qui m'a donné envie de te choisir, c'est ce spectacle » et j'ai trouvé ça très étonnant ; je me suis dit : « Philippe regarde plus loin, il ne m'a pas immédiatement catalogué dans un rôle. » Mais j'avais très peur de faire autre chose que je ne connaissais pas. Il m'a aussi dit : « J'aime bien : sur la scène, tu rougis vite, et je trouve ça marrant ! » J'ai pensé qu'il observait vachement bien ! Et quand j'ai lu le scénario, j'ai posé plein de questions, mais Philippe a cette faculté de te laisser toi-même trouver les réponses ! En fait, j'avais besoin de quelqu'un comme lui qui me botte le cul et qui me dise : « Vas-y ! Essaie, au moins ! » Je lui ai fait confiance parce qu'il écoute et parle très bien. J'avais besoin de passer ce cap : être capable, dans le travail, de faire confiance à quelqu'un que je ne connaissais pas.

Vous faites un film dans lequel vous devez jouer de manière beaucoup plus sobre qu'au théâtre ; c'était un autre pari, le pari de la sobriété ?

Oui, c'était à la fois le pari et la difficulté. Philippe était très à cheval là-dessus ; on s'est beaucoup engueulés pendant les huit premiers jours du tournage et c'est à la fin du week-end qu'on a trouvé une solution. Je suis quelqu'un de très « extrémiste » et Philippe me disait :

« Il faut garder ton énergie et perdre ta nervosité ! » Et il était intraitable là-dessus ! Le résultat pour moi était très difficile à regarder parce que j'avais l'impression d'être *en dessous* de ce que je suis réellement. Aujourd'hui, ça me fait plaisir quand les gens disent : « C'est un Benoît différent », ça veut dire que j'ai quand même réussi à faire ce que Philippe me demandait.

Quand on fait une comédie qui est à la fois un film de groupe et un film de vacances dans des décors enchanteurs, est-ce difficile de conserver une certaine rigueur par rapport au scénario initial ?

Il y a un élément important : le type d'humour de Philippe est particulier ; il fonctionne sur une corde… Avec lui, vous naviguez toujours entre un truc qui pourrait apparaître comme seulement drôle au départ et un autre qui n'est pas drôle du tout, voire même un peu dramatique ! Et pendant le tournage, Philippe était très à cheval sur le fait qu'on devait toujours rester sur cette corde ; il était également très pointilleux sur le vocabulaire de chaque personnage. C'était sa manière à lui de nous garder sur cette corde. Par conséquent, nous ne jouions pas des personnages très exubérants… Si nous avions eu des personnages plus « clowns », ça nous aurait donné plus de marge. Si on te dit simplement : « Ton personnage, c'est un con sur la montagne », tu peux y aller et partir dans de la franche rigolade… Mais ce n'était pas du tout ça ; nous faisions beaucoup de propositions à Philippe, mais en prenant bien garde de rester dans nos marques. Et, lui, gardait toujours une ligne précise en tête ; il nous a souvent dit : « On ne tourne pas

Les Bronzés ! » Donc nous étions assez rigoureux entre nous. Philippe dit volontiers qu'il ne veut pas faire rire à tout prix ; il a besoin que ce qu'il décrit soit crédible. Et il tient à avoir de l'émotion dans le rire.

Ici, vous avez moins le contrôle que sur vos projets précédents ; est-ce que vous êtes allé voir les rushes, est-ce que vous avez été interventionniste ?

Oh, je crois que j'ai dû pas mal emmerder Philippe et les autres aussi ! Parce que je balançais sur eux toutes mes angoisses ! Et très gentiment, ils m'écoutaient ! Au départ, j'avoue que j'étais mal à l'aise avec mes partenaires féminines. Malgré toute l'énergie que Philippe a dépensée pour me rassurer, c'était difficile pour moi ; je suis extrêmement pudique pour tourner des scènes sentimentales. La scène du baiser avec Géraldine était la première scène que je devais tourner… Je me serais bien évanoui quinze fois si elle ne m'avait pas mis en confiance. Je n'arrivais pas à être décontracté…

À la même époque, soit en 1996-1997, Benoît développe, pour l'émission phare de CANAL + « Nulle part ailleurs », « Les Carnets de Monsieur Manatane ». Conçue avec Pascal Lebrun (touche-à-tout talentueux à qui l'on doit la mémorable affiche de C'est arrivé près de chez vous), cette série de brefs sketches – à l'époque, on n'appelait pas encore cela des « capsules » – met en scène Poelvoorde en improbable conférencier, aussi crétin que vaniteux. Selon ses propres termes, « Monsieur Manatane, c'est la bêtise exposant huit ! Il a tous les défauts et, en même temps, il a

*quelque chose de touchant à être nul à ce point ! » En mars
1997, Benoît me confie ses impressions sur ces nouvelles
expériences.*

Sur le plan professionnel, vous êtes aujourd'hui à cheval entre Namur et Paris. Est-ce qu'il y a moyen de percer en France tout en gardant ses racines belges ?

De toute façon, moi, je serai toujours dans la situation
délicate de ne jamais vraiment « monter à Paris »…
D'abord, on ne monte pas, on descend ! Généralement,
quand on y va, on doit y rester. Or, moi, j'ai pris d'entrée
de jeu l'option de ne jamais vivre là-bas et de rester dans
ce qui me construit, dans mon univers, avec mes amis
autour de moi… Du coup, vous ne faites jamais vraiment
partie de la vie à Paris ; mais le fait de rester vivre en
Belgique est sans doute ma plus grande protection et ma
plus grande liberté. Je ne suis pas apparenté à ce micro-
cosme et je ne ressens pas les « excentricités» parisiennes.
Ce faisant, je choisis la difficulté parce que c'est clair
qu'avec cette image-là, vous devez vous-même créer
votre travail, vous ne devez pas attendre qu'on vienne
vous chercher. À Paris, les acteurs attendent que leur
agent leur trouve du travail. Moi, j'ai besoin de complices pour écrire et monter les projets. Je viens de jouer
dans un court-métrage, *Le Signaleur*, ici en Belgique ;
vous savez, on a un vivier extraordinaire ! Le réalisateur Benoît Mariage signe là sa première fiction. Il a,
jusqu'ici, fait d'excellents reportages… Je l'ai vu tourner,
j'étais sur le cul ! Il est détendu, il est ouvert… Chaque
image est très simple, très juste ; tout à coup, vous n'avez

plus l'impression de faire du cinéma, mais, comme pour « C'est arrivé », de faire quelque chose qui est juste et qui s'inscrit dans une sensibilité, car Benoît Mariage habite la région dans laquelle il tourne. Attention, je ne suis pas en train de dire : « Ne faisons que des films sur le terroir », mais je défends l'idée qu'on peut se servir de Paris comme d'un magasin où on va faire ses courses, parce que c'est là que tout démarre, tout en continuant à garder ses racines et son identité. Il faut voir la ville de Paris « pour ce qu'elle est et la laisser pour ce qu'elle n'est pas » ! C'est Gainsbourg qui disait ça, je crois…

En même temps, vous débarquez à la télévision française avec une sorte de séquence ovni, truffée d'un humour absurde dont on raffole *a priori* plus en Belgique qu'en France… Arriver avec « Monsieur Manatane », est-ce que ce n'est pas une arme à double tranchant ? Ça vous donne de la visibilité, mais ça doit être perçu par les professionnels parisiens comme très bizarroïde, non ?

Vous avez utilisé le mot exact : c'est perçu comme un ovni. Ils ont un problème pour étiqueter ça… Enfin, à CANAL, ils sont très contents, ils se rendent compte qu'il y a un potentiel dans ces séquences, et surtout qu'il y a un public… Mais ils ne comprennent pas tout ! Ça, c'est clair ! Et j'ai beaucoup plus de retours favorables de spectateurs belges, et même de l'ensemble de la profession. Aujourd'hui, mes amis et moi, on est à un âge où on se rend compte qu'il faut faire un cinéma où on s'engage. Il faut oser une identité, sinon on va se noyer dans une tiédeur… Ce qui est insupportable, c'est la tiédeur ! Alors même, si on se trompe, même si ce qu'on fait n'est pas toujours de qualité – à l'heure actuelle, on a fait vingt-cinq « Monsieur Manatane », il y en a peut-être dix que je trouve excellents, et les autres sont moyens, mais c'est normal –, l'important, c'est qu'il y ait une recherche. Il faut avoir le même objectif au cinéma, et je vois bien que les gens autour de moi qui lancent des projets en Belgique ont cette même envie. On n'a pas de star-système chez nous ; donc, on se bat sur un autre terrain pour faire des films qui nous ressemblent, qui nous correspondent. Il y a vraiment une différence entre un Belge qui vous propose un scénario et un Français. Pour un Belge, il y a tellement de difficultés inhérentes à la production que c'est un combat continu ! Tandis qu'en France, j'ai vu des mecs qui me proposaient trois scénarios d'affilée : « Si celui-là n'est pas bon, pas grave, on en prendra un autre ! » Ces gars-là tournent pour tourner, c'est de l'illustration ! Le Belge, même s'il fait un mauvais projet, il a un côté combatif… Ce n'est pas pour rien qu'il y a un festival chez nous qui s'intitule « Filmer à tout prix » ! Faire un film, c'est une lutte de tous les instants. Et je ne suis pas en train de dire : « Laissez-nous dans la difficulté », mais plutôt : « Faisons davantage confiance à des projets engendrés dans la difficulté, mais qui ont besoin d'un minimum d'aide pour exister ! » En conclusion, je suis fier de garder cette image de turbulent, voire de « timbré », parce que, comme ça, au moins, je ne fais pas de concession à la tiédeur ambiante. Parce que, quand vous travaillez pour la télévision, vous comprenez très vite ce que vous pourriez faire pour que ça plaise à tout le monde. Il y a des *trucs* pour que ça marche à coup sûr.

Mais la Belgique n'est pas très friande de ça ; Le Belge est plutôt porté sur les expériences...

Est-ce que cette liberté d'expression a un prix ?

Bien sûr ! Vous êtes considéré comme un rigolo, vous n'êtes jamais vraiment pris au sérieux... Et puis vous faites peur ! Ce n'est pas vous qu'on invitera... Mais ce n'est pas plus mal, comme ça, vous n'êtes jamais mis dans le même panier que les crabes ! Tant mieux ! D'un autre côté, ça bouge quand même un peu, il y a des « vieux de la vieille » autrefois bien installés qui sont en train de disparaître et, je suis très optimiste à ce sujet, je suis certain que les tempéraments combatifs l'emporteront. La Belgique est beaucoup plus ouverte à la nouveauté, elle a reconnu le talent d'un Tim Burton avant la France... La France qui voit encore d'un très mauvais œil les vrais esprits créatifs. Jean-Luc Godard a dit une phrase que j'adore : « La difficulté, c'est que le cinéma est une discipline qui doit être liée à la perte de l'argent ! » Je suis tout à fait d'accord avec lui ! Quand l'argent est présent sur un film, il a tendance à tout pourrir... Quand nous avons fait « C'est arrivé », nous perdions de l'argent ! Nous n'avons jamais imaginé que le film aurait du succès. Nous l'avons fait avec notre fric, celui de nos parents. Nous avons quand même d'abord perdu 500 000 francs belges (12 500 euros, N.D.L.R.)... Après, nous avons eu de la chance avec Cannes et tout ça. Mais ce que je veux dire, c'est que beaucoup de choses très très bien se sont faites dans un esprit de perte totale !

Quand on décide de faire un métier aussi exposé que le vôtre, peut-on le faire sans avoir l'ambition

de « faire carrière » ? Est-ce qu'on arrive à se dire :
« Je ne ferai pas carrière » ?

Oui, oui, on parvient très bien à se dire ça, sinon c'est l'enfer ! La seule ambition que, moi, j'ai, c'est la tranquillité ! C'est d'être juste par rapport à ce que je fais ! C'est presque un truc bouddhiste, mais la seule chose importante, c'est vraiment cette sérénité. Il faut pouvoir se dire : « Je vais arrêter demain. » Et je n'aimerais pas me retrouver un jour dans une glace et me dire : « J'ai honte de moi. » L'argent est, bien sûr, fondamental parce qu'il faut vivre, il faut nourrir sa famille, mais je pense que nous vivons dans une société au sein de laquelle on peut rester soi-même et vivre normalement ! Il est clair qu'avec les principes que je défends, je n'aurai jamais quatre villas, une maison à Hollywood et un chalet en Suisse… Mais, à partir du moment où vous acceptez de faire deux concessions, vous en faites trois, quatre… Et je trouve ça horrible ! J'estime que les comédiens qui disent « J'ai fait ce film pour payer mes impôts » manquent totalement de respect à leur public et à eux-mêmes. Quand je lis une interview de Marlon Brando dans *Studio*, je suis choqué, quel que soit son talent, de découvrir qu'il n'en a plus rien à foutre et qu'il tourne uniquement pour le pognon ! Ça me dégoûte parce qu'il tue ce qu'il y a de plus beau dans le cinéma : l'émotion et la transmission des émotions ! Parfois, on sort d'une salle de cinéma et le film reste en nous pendant des semaines ! Et quand un réalisateur a réussi ça, c'est qu'il nous a vraiment donné quelque chose, qu'il nous a parlé de lui ! Alors un type comme Brando qui fait preuve d'un tel cynisme, c'est écœurant ! Moi, des gens comme ça, je les boycotte à 100 % ! À côté de ça, vous pouvez être très heureux en faisant des choses magnifiques : dans le monde du théâtre belge, par exemple, prenez un artiste comme Yves Hunstad, le créateur de *Gilbert sur scène* et de *La Tragédie comique* ! Il ne fait aucune concession, et c'est un homme qui a la générosité et l'amour de tout le monde, parce que c'est un type pur ! Et au cinéma, je peux vous en citer des dizaines, des gens purs, mais qui ne recueillent évidemment pas l'unanimité médiatique, et qui n'ont pas les cachets d'un Christian Clavier... « Faire carrière » dans le sens d'obtenir de gros cachets, je m'en contrefous ! J'aspire surtout à rester moi-même et heureux dans ce que je fais... Sinon je change de métier pour en trouver un autre où je pourrai être heureux sans faire de concession.

des
CONVOYEURS
ATTENDENT

1999

au
BOULET

2002

La montée en puissance

En 1998, Claude Berri, un des plus importants producteurs du cinéma français, décide de monter un énorme projet avec des coproducteurs italiens et allemands : l'adaptation en « live » de la bande dessinée « Astérix » de Goscinny et Uderzo. Claude Zidi se chargera de la réalisation, Gérard Depardieu sera Obélix et Christian Clavier incarnera le vaillant petit Gaulois moustachu… Dans une distribution qui compte d'autres « poids lourds » de la comédie hexagonale (Daniel Prévost, Michel Galabru, Pierre Palmade…), Berri espère bien s'adjoindre les talents comiques de Benoît Poelvoorde. Il invite le jeune Namurois chez lui à déjeuner et lui dit tout le bien qu'il pense de C'est arrivé près de chez vous. Comment refuser une proposition de ce calibre, émanant d'un des « nababs » du cinéma français ? Poelvoorde demande à réfléchir… puis décline la proposition de Claude Berri.

En réalité, l'acteur belge se sent mal à l'aise dans ce cinéma français très richement doté ; il préfère privilégier des projets plus modestes avec ses amis. Après avoir joué dans le court-métrage Le Signaleur *de Benoît Mariage, il a envie de s'investir dans*

le premier long-métrage de ce réalisateur plus que prometteur,
Les convoyeurs attendent *(titre inspiré des communications
radiophoniques destinées aux colombophiles).*
*Dans cette tragi-comédie tournée en noir et blanc, Poelvoorde
incarne Roger, un photographe rattaché à la rubrique « chiens
écrasés » d'un quotidien wallon, qui a des rêves de grandeur
pour son fils, un adolescent timide. Il veut lui faire accomplir un
exploit qui le ferait rentrer dans le* Livre des records *: ouvrir
et fermer une porte plus de quarante mille fois en vingt-quatre
heures… Sur le tournage du film, l'acteur confie :* « Pour la
première fois, je joue un personnage évolutif : au départ,
il est assez dur, mais il va vivre une sorte de rédemption.
C'est un rôle qui va me permettre d'essayer des choses
que je n'aurais sans doute jamais faites si ça n'avait pas
été Benoît Mariage aux commandes. »
*Le film est sélectionné à « La Quinzaine des Réalisateurs »
1999 du Festival de Cannes. Toute l'équipe du film — soit
près de quarante personnes ! — décide de descendre sur la Côte
d'Azur en autocar et Poelvoorde retrouve l'ambiance de la
Croisette sept ans déjà après* C'est arrivé près de chez vous.
*Le film, très attachant, reçoit un bel accueil critique au festi-
val. Il sort en France en septembre et fait un score modeste au
box-office : deux cent trente mille entrées. On est loin des neuf
millions de spectateurs qui se ruent voir le médiocre* Astérix et
Obélix contre César *de Claude Zidi dans lequel Poelvoorde
a failli jouer. Mais Benoît a fait le choix du cœur et c'est un
beau choix…*

*Poelvoorde adore décidément les personnages qui ont des rêves
trop grands pour eux : après le père de famille mégalomane
des « Convoyeurs », il incarne un coureur cycliste aussi bra-
vache que malchanceux dans* Le Vélo de Ghislain Lambert *:*

« Ghislain Lambert est né le même jour qu'Eddy Merckx, à neuf minutes d'intervalle et, depuis lors, l'écart entre eux deux n'a fait que se creuser », *explique Benoît avec son sens de la formule qui fait mouche. Poelvoorde est merveilleusement crédible dans sa belle tenue de coureur :* « J'ai fait deux mois d'entraînement avant le tournage. Au départ, j'ai pensé qu'il suffisait de monter sur le vélo pour faire illusion… Hélas, il n'en était rien. On m'a très vite dit que j'avais des jambes comme des poteaux et qu'il était temps de les muscler un peu ! »

C'est un tournage rassurant pour Benoît : il retrouve le réalisateur des Randonneurs, *Philippe Harel ; de nombreuses scènes sont tournées dans la région namuroise et il s'entend comme larron en foire avec un de ses partenaires, José Garcia, qui incarne le frère de Ghislain, Claude Lambert… José deviendra d'ailleurs un véritable ami pour Benoît dans le « monde implacable du cinéma »…*

Mais Poelvoorde reste titillé par le démon de l'écriture. Avec ses complices de « Monsieur Manatane », Pascal Lebrun et le réalisateur Christian Merret-Palmair, il élabore le scénario d'un long-métrage, Les Portes de la gloire. *Une fois encore, Benoît y campe un « loser magnifique » : Régis Demanet, délégué commercial d'une petite société de vente à domicile… Comme on dit vulgairement, Régis fait du porte-à-porte. Il est chef d'une petite équipe de vendeurs dans le nord de la France et ses méthodes autoritaires sont observées avec étonnement par un « bleu », Jérôme Le Tallec, futur gendre du patron de la boîte…* « Au départ, je ne devais pas jouer dans le film », avoue Poelvoorde sur le tournage. « Et j'avais fini par dire à Christian : "Si tu veux, je te ferai un personnage secondaire, donne-moi le rôle de la crapule de service !"

Et on s'amusait tellement avec cette crapule que le rôle de Demanet a fini par prendre de l'importance. »

Les Portes de la gloire, *c'est un film qui est traversé par un humour grinçant assez réjouissant, mais qui souffre d'un casting disparate : si Julien Boisselier joue le rôle du candide avec une certaine fraîcheur, la présence de vieux briscards du cinéma français comme Michel Duchaussoy ou Étienne Chicot apparaît comme quelque peu incongrue aux côtés de Poelvoorde... Une demi-réussite, donc...*

Jusqu'ici, Benoît est assez peu sorti de sa zone de confort au cinéma : il tourne avec des potes des projets relativement modestes. Arrive alors, en ce début des années 2000, une proposition d'une tout autre envergure. Thomas Langmann, le fils de Claude Berri, souhaite mettre en chantier une grosse production populaire qui se veut à la fois « comédie de tandem » et grand film d'aventures et de cascades : Le Boulet. *Le film raconte un imbroglio. Moltès, un malfrat en prison, apprend qu'il a gagné le jackpot au Lotto. Mais c'est toujours son gardien Reggio qui valide ses bulletins et celui-ci redoute que sa femme ne soit partie faire un rallye en Afrique avec le billet gagnant... Moltès s'évade dès lors pour la rejoindre à Bamako et oblige Reggio à le suivre. Dans sa cavale, il croise un dangereux mafieux, surnommé « Le Turc »... Le film, réalisé par Alain Berbérian assisté de Frédéric Forestier, vise à réexploiter sans vergogne une formule mise au point par un orfèvre en la matière, Francis Veber, l'auteur de* L'Emmerdeur *et de* La Chèvre *: à savoir mettre face à face un dur à cuire (Moltès) et un pauvre type qui va lui pourrir la vie (Reggio)... Rien de neuf sous le soleil !*

Quand Poelvoorde reçoit le scénario du « Boulet », son premier geste est de refuser l'offre. Mais son ami Benoît Mariage le convainc d'accepter, en lui disant en substance : « Si tu n'es-sayes jamais de te frotter à ce genre de grosse production, tu ne pourras jamais tester ton potentiel comique auprès d'un large public populaire. » *Et puis intervient Gérard Lanvin, comme le raconte Benoît Poelvoorde lui-même :* « Il m'a appelé. Il ne me connaissait pas, mais il avait envie de me rencon-trer. C'est quand même vachement flatteur, hein ! Nous nous sommes retrouvés rapidement sur la même lon-gueur d'onde, à tel point que nous avons annoncé aux producteurs : "Si Gérard ne le fait pas, je ne le fais pas ; si Benoît ne le fait pas, je ne le fais pas." Nous l'avons même stipulé dans notre contrat. » *Dernier argument qui achève de le convaincre : c'est son ami José Garcia qui jouera* « Le Turc ».

La tournée promotionnelle qui accompagne la sortie du « Boulet » *au printemps 2002 est à la mesure du budget du film : elle est de grande envergure. Benoît fait tous les* « pla-teaux télé » *des chaînes francophones, la plupart du temps en duo avec Gérard Lanvin. C'est une technique de marke-ting éprouvée : quand la production impose aux médias d'in-terviewer ensemble les deux vedettes d'un film, elle est sûre que l'entretien ne portera que sur le film, évitant ainsi toute question personnelle à l'un ou l'autre acteur… Entre deux interviews en duo, Benoît livre néanmoins quelques réflexions personnelles.*

On sait que vous avez hésité avant d'accepter de tourner dans ce film...

J'avais peur de ne pas être à la hauteur, mais Thomas Langmann m'a dit : « Je suis certain que tu y arriveras très bien ! » C'est courageux de sa part parce que c'est quand même un gros budget, et ce n'était pas évident de mettre un mec comme moi dans un budget pareil ! Il fallait des têtes d'affiche : José Garcia et Gérard Lanvin, ce sont des têtes d'affiche ! Moi, j'ai fait des scores honorables, mais pas des hits au box-office comme eux, donc ils ont pris des risques en me choisissant.

Qu'est-ce qui vous amusait malgré tout dans ce projet ?

C'était l'idée de perpétuer un genre cinématographique qui m'avait énormément plu quand j'étais gamin, et qui me plaît d'ailleurs toujours : les comédies de tandem, basées sur les rapports entre deux hommes qui n'ont absolument rien en commun... Il y avait ça, et puis aussi l'idée de travailler avec Gérard. Et les poursuites – parce que c'est aussi un film grand spectacle. C'étaient des raisons suffisantes pour me dire « On va essayer, ça peut être très amusant ! » Parce que c'est un film de divertissement pur et dur ; on n'est pas là pour se prendre la tête, on est là pour s'amuser, c'est du spectacle ! Et ça, je voulais essayer une fois dans ma vie !

Vous étiez conscient de jouer un remake de *L'Emmerdeur* ou de *La Chèvre* ?

Ce n'est pas un remake ! J'étais conscient de perpétuer un genre. Ce genre-là existe depuis la nuit des temps : dans le duo Laurel et Hardy, on ne sait pas qui est l'emmerdé et qui est l'emmerdeur... C'est un peu comme un « thème » en jazz : il a été joué des nombres incalculables de fois, mais toutes les variations se valent, il suffit juste d'apprécier le jeu de tel ou tel musicien. Et je crois que le couple dans le cinéma est un thème qui ne s'épuisera jamais parce que le spectateur s'y identifie très facilement. Un emmerdeur/un emmerdé, on a tous été un jour d'un côté ou de l'autre !

Le Boulet *totalisera trois millions d'entrées au box-office en France. C'est moins qu'*« Astérix »*, mais c'est un score néanmoins honorable qui tend à prouver que, désormais, Benoît Poelvoorde est un acteur « bankable » – adjectif qui désigne les noms qui rassurent les investisseurs dans le monde du cinéma. À la même époque, Benoît est tenté de retrouver une vieille connaissance : André Bonzel, son complice de* C'est arrivé près de chez vous, *lui propose un scénario intitulé* Le Marquis noir. *À en croire Benoît, « ça pourrait donner un film assez étonnant. C'est un* Scream *au XVIIIe siècle. Assez étrange ! Et Gérard Lanvin serait aussi de la partie. Mais le film semble difficile à monter ». Tellement difficile qu'il ne se montera jamais, le projet tombera aux oubliettes. Poelvoorde et Bonzel ne tourneront plus ensemble.*

PODIUM

2004

La
consécration

L'année 2003 est pour Benoît Poelvoorde celle d'un projet ambitieux : Podium. *Yann Moix, romancier en vogue, travaille depuis 1998 au scénario de* Podium *en pensant à l'acteur belge. Le titre « Podium » fait référence au magazine dirigé par Claude François en 1972, revue à mi-chemin entre* Salut les Copains *et* Lui. *Le film de Moix raconte les tribulations de Bernard Frédéric dont l'objectif est d'être le « meilleur sosie de Claude François » et d'être reconnu comme tel, au grand dam de son épouse Véro, qui aimerait tant qu'il renonce à son obsession. Yann Moix tient farouchement à son idée, mais ne parvient pas à réunir le budget pour monter son film. Adroitement, il publie d'abord* Podium *sous forme de roman chez Grasset en 2002 et le livre remporte un vrai succès. Fort de ce succès et de la popularité grandissante de Poelvoorde, l'écrivain peut alors concrétiser son rêve initial : réaliser son premier long-métrage.*

La saveur principale de Podium *ne réside pas dans son intrigue, mais dans la force de son personnage principal, Bernard Frédéric. De ce genre de film, on dit qu'il s'agit d'un formidable « véhicule » pour un acteur :* Podium, *c'est d'abord et avant tout un*

« *festival Poelvoorde* », *un film dans lequel Benoît peut donner toute l'étendue de son talent, montrer sa fantaisie, sa folie, son énergie, sa capacité d'émouvoir. À ses côtés, Jean-Paul Rouve dans le rôle de Couscous, sosie de Michel Polnareff, et Julie Depardieu dans le rôle de Véro sont on ne peut plus convaincants, mais ils ne sont que les cerises sur le formidable gâteau que sert Poelvoorde.*

Le film, très attendu grâce à une savante campagne de « teasing » pendant le tournage, sort en février 2004. Lancé dans une tournée promotionnelle énorme, Benoît tient malgré tout la forme, car il adore le film et en parle avec un enthousiasme sans cesse renouvelé.

Il y avait plein de bonnes raisons pour vous d'accepter ce projet, mais qu'est-ce qui était primordial ?

L'attrait principal pour moi, c'était qu'il y avait trois personnages en un. Pour un acteur, c'est le rêve ! Tu as à la fois Bernard Frédéric, petit banquier discret et modeste, Bernard Frédéric qui chante et danse comme Claude François en essayant de faire ça le mieux qu'il peut, comme un travesti d'une certaine manière… Et entre les deux, il y a Bernard Frédéric qui se transforme, qui mute, et ce personnage-là est odieux et épouvantable ! Un homme discret, un homme qui chante, un homme odieux : je me suis amusé comme un fou à jouer ces trois personnages qui fluctuent ! Et je crois que c'est grâce à cela que le spectateur s'amuse également parce qu'il se dit : « Il est capable de tout ! » Il faut dire que Bernard Frédéric est quand même un personnage un peu fantasque ! Et contrairement à la réalité chez les sosies, il n'est pas modeste ! Les sosies, en général, s'effacent un peu derrière leur idole, Bernard Frédéric, pas du tout ! Il le dit d'ailleurs dans le film : « Je ne me prends pas pour Claude François ; mon *métier,* c'est Claude François ! » C'est parce qu'il joue à être Claude François qu'il arrive à être Bernard Frédéric, ce personnage totalement odieux.

C'est tout l'intérêt du film, d'ailleurs, parce qu'il n'y a aucune ressemblance !

Ah oui, c'est ça qui fait la richesse du personnage : moins Bernard Frédéric ressemble à Cloclo, plus tu te dis que son cas est pathologique ! Je dois incarner le personnage sans avoir besoin de lui ressembler – parce que, il faut bien l'avouer, je ressemble davantage à Françoise Sagan qu'à Claude François ! – et quand Yann me l'a proposé, c'est ça qui m'a amusé ; je me suis dit : « C'est dingue, tout de suite, tout le monde va dire "Mais il ne lui ressemble pas du tout !" » D'ailleurs, quand on a annoncé que j'allais faire le film, le journal *La Dernière Heure* a fait un montage où il est écrit « Benoît Poelvoorde va JOUER Cloclo » – c'est ce qu'ils pensaient – puis « erreur de casting ! » Ma maman a lu ça et m'a dit : « Ils ont tout à fait raison ! Tu ne lui ressembles pas du tout ! » Évidemment, c'est ce qui donne au film son côté farce et aussi son côté philosophique : parce que tu n'as pas besoin de ressembler pour incarner ; si tu y crois vraiment, tu le seras ! Le film est une fable et c'est la morale de la fable : si tu crois à quelque chose de façon vraiment intense, tu finiras par y arriver – même si les autres te trouvent ridicule… Moi, c'est ce que j'aime dans le personnage de Bernard Frédéric : c'est un peu Don Quichotte au pays de Maritie et Gilbert Carpentier ! Il chante dans les foires au boudin, mais lui ne le voit pas comme ça, il rêve en couleurs…

Et le fait que Yann Moix n'ait pensé qu'à vous pour l'incarner ?

Ça, c'est un truc incroyable ! Il a d'abord écrit le roman en pensant vraiment à moi, et quand j'ai reçu le manuscrit, c'était assez troublant ; j'avais l'impression que j'étais resté à côté de lui pendant qu'il écrivait… Dans ces conditions, on ne peut pas refuser un rôle ! Yann m'a dit : « Tu as joué dans mon livre ! »

Cloclo, qu'est-ce que ça a représenté dans votre enfance ?

Moi, je n'étais pas très accroché à Cloclo, à dire vrai ! Ma maman était fan de lui, moi pas tant que ça, non ! J'ai découvert Cloclo dans mon adolescence, mais comme j'aurais écouté Sheila ou Demis Roussos ! J'écoutais les cassettes de ma mère, mais je n'étais pas fan.

Faire ce film a modifié votre regard sur lui ?

Ah oui ! Il partage ma vie depuis un an, vous imaginez ! Je me lève avec Cloclo, je dors avec Cloclo… Je fais beaucoup de promo pour le film, en France comme en Belgique, je vis avec lui, je l'ai chanté, dansé ! J'ai lu des trucs sur lui et, à force de parler de lui, je finis par rencontrer des gens qui l'ont rencontré… En France, il n'y a pas un mec depuis longtemps dans le métier qui n'ait pas travaillé avec lui ; le sujet de discussion que les gens ont avec moi, c'est : «Vous savez, j'ai travaillé avec lui ! » Et moi, je dis « Oui oui ! » comme si j'étais le détenteur de la parole universelle de Cloclo ! Ha ! Alors que, je le répète, je n'essaie pas d'égaler Cloclo, je joue juste son sosie… Sinon les gens qui adorent Cloclo vont me dire : « Hé mon vieux, y a du chemin ! » Mais je le sais, qu'il y a du chemin !

Comment expliquez-vous ce fanatisme qui perdure ?

Ah ça, je me l'explique très bien ! C'est un type qui a construit lui-même son mythe, de son vivant. Pour pouvoir être une idole comme Claude François, il faut construire son mythe. Et déjà, Yann Moix vous le dira, il faut mourir assez jeune, fauché et en plein essor… Et Cloclo, il contrôlait tout ; c'est un peu comme Johnny, sauf que Johnny n'est pas mort… Il faut avoir autour de soi quelque chose qui permette le mythe. Et puis, quand est-ce qu'on est le plus fan dans sa vie ? Quand on est ado ! Regardez aujourd'hui la « Star Academy » ! Être fan, c'est un état lié à l'enfance. Elle te construit, cette admiration inconditionnelle… Et après, tu peux continuer… Mais c'est nécessaire dans la vie d'avoir un amour sans raison, parfois ! Même si on ne peut pas n'avoir que ça ! Sinon ça révèle quand même une grande solitude…

Et Benoît Poelvoorde, il est fan de qui ?

Ah moi, je suis fan midinette de Nicole Kidman ! Par contre, je me fous éperdument de la rencontrer… Pour que cela reste un amour absolu ! Il faut que cela demeure de l'ordre du virtuel : en photo, dans les films… Je ne lis même quasi jamais ses interviews pour ne pas être déçu ! Une idole, il faut continuer à la soigner de manière idéale, détachée du concret…

Et est-ce que votre regard sur les sosies a changé après ce film ?

Non, mon avis n'a pas changé. Pour moi, le sosie est un relais entre le fan et l'idole. Dans le film, il y a cette phrase : « On préfère rencontrer le sosie parce que l'idole est inaccessible. » Que font-ils, ces sosies ? Ils prolongent l'enfance et ils donnent du plaisir aux gens. Pourquoi je condamnerais les sosies ? Moi, je trouve ça formidable… Évidemment, ce qui est dangereux, c'est quand ils construisent toute leur vie autour de leur idole… Mais sinon, dans l'ensemble, ce sont des gens relativement équilibrés qui savent très bien ce qu'ils font : ils perpétuent un amour de jeunesse. Moi, je suis midinette, hein ! J'ai des photos de Nicole Kidman dans ma maison ! Ça gave un peu mon épouse, qui l'appelle « La première de la classe » ! Haha…

Comme dans le film : la femme de Bernard Frédéric ne supporte pas l'obsession de son mari…

Ah, mais Bernard Frédéric, il idolâtre carrément Claude François ! Il ne supporte pas la moindre contradiction, la moindre attaque contre son dieu ! Il dit : « Claude François a eu toute sa vie pour devenir Claude François, moi j'ai dû apprendre au fur et à mesure ! » Il a une de ces logiques ! Lui, il vit Claude François, il n'a aucune distance, c'est ça qui rend le personnage « donquichottesque ». Bernard Frédéric voit le monde à travers les yeux de Claude François, à travers le perfectionnisme de cette star ; c'est pour ça qu'il est tyrannique ; parce que Claude François était tyrannique. Vivre à côté de personnes obsessionnelles qui ont un souci de perfection, c'est parfois très difficile ! Mais c'est parce que Claude François était comme ça qu'il a eu la carrière qu'on connaît. Et vingt-cinq ans après sa mort, rien n'a bougé. Je fais la promo du film avec Yann, mais aussi avec Claude François, quelque part. Pour en revenir à la femme de Bernard Frédéric, c'est elle qui fait le relais avec le spectateur ; elle dit à son mari : « Mais tu t'es déjà vu, mon vieux ? » Moi je dis que le problème d'un fou, ce n'est pas tellement qu'il soit fou, c'est qu'il s'en rende compte un jour ! Sa femme, c'est la voix de la raison ; elle lui dit : « Tu as vu comment tu es sapé ? Tu ne vas pas replonger ? » Bernard Frédéric, avec ses cols pelle à tarte, ne voit jamais le ridicule de la situation… Et Jean-Paul Rouve, le sosie de Polnareff, c'est le Sancho Pança de Bernard « Don Quichotte » Frédéric !

Vous l'avez dit : impossible de refuser le rôle… Mais danser et chanter, ce n'était vraiment pas votre tasse de thé ! Vous avez déclaré : « Si j'avais su que ce serait autant de boulot, je n'y serais peut-être pas allé ! »

Exactement ! Si j'avais vu la version finalisée du film et qu'on m'avait dit « Il va falloir faire ça », je ne l'aurais pas fait ! Mais, moi, je lis mal les scénarios. Je ne me suis pas rendu compte au moment où j'ai signé que, quand Yann écrivait « Et maintenant un petit pas de danse », c'était un boulot dingue ! Je me disais : « Je vais faire trois moulinets et on va me doubler pour le reste. » Ta, ta, ta ! Que nenni ! Et ça paraît simple, ce que fait Claude François, mais ça ne l'est pas. Et là, j'ai su ce que c'était que d'apprendre à danser et chanter. Ce n'était pas mon truc. Et il fallait que je chante moi-même, car, même si ce n'est pas nickel, les défauts servent la crédibilité du personnage. Ça lui donne de l'humanité. Au départ, j'avais demandé qu'on me double et je me serais contenté d'un play-back. Mais le réalisateur a eu raison : le fait que ce soit moi qui chante m'a permis de mieux assimiler les trucs des chanteurs et de donner plus de vérité au personnage.

C'est laborieux, mais c'est crédible. C'est comme pour
Le Vélo de Ghislain Lambert : il fallait que ce soit crédible.
Si l'acteur ne fait pas l'effort, il condamne le personnage
avant même sa performance ; les spectateurs vont dire :
« C'est un guignol ! » Or le film annonce : « Voilà l'histoire du plus grand Claude François de sa génération »,
je ne peux pas me permettre de mal l'interpréter si on
dit ça dès le début du film ! En plus, Bernard Frédéric se
permet de critiquer tout le monde, j'avais intérêt à être
à la hauteur !

**Premier film pour l'écrivain Yann Moix ; au-delà
de son désir de travailler avec vous, comment s'est
déroulée la collaboration pendant le tournage ?
Quelle était votre marge de manœuvre ?**

J'ai eu la chance de préparer le film pendant trois mois
en travaillant la danse et le chant, pendant que Yann préparait le film. On se voyait énormément pour discuter
du scénario, de sorte qu'à l'arrivée sur le plateau, tout
était déjà bien calibré. Yann est très intelligent et très
ouvert ; si Julie Depardieu, Jean-Paul Rouve ou moi-
même avions un problème sur telle ou telle scène ou si
nous nous disions « C'est bizarre, ça fait un peu théâtre,
ça ne fonctionne pas », Yann était super à l'écoute. Et
ça, c'est une grande qualité ; pour un réalisateur, c'est
même fondamental. D'autant que c'est un premier film.
Moi, j'ai eu peur au départ, je me disais : « Le mec, il va
avoir un ego surdimensionné, on ne pourra pas lui faire
la moindre remarque ! » Eh bien, pas du tout ! Il avait
même parfois le courage de dire : « Là, je suis un peu
bloqué ; comment va-t-on faire ? » Et, pour nous, c'était

un tournage joyeux, vraiment formidable ! D'ailleurs, quand on projette *Podium* maintenant, c'est un peu comme si nous regardions un film de vacances : on se revoit et on revit le plaisir qu'on a eu… Et puis c'était un univers cohérent : le décorateur, le chef opérateur, les costumières… Ils ont tous travaillé dans le même esprit parce que tout le monde connaît Claude François ! On parlait tous le même langage. C'était super gai : en entrant dans cet univers coloré, c'était comme pénétrer dans un parc Disneyland, et tu dois jouer dedans au premier degré ! En plus, Bernard Frédéric habite dans une maison témoin pour ne pas payer de loyer ; même son domicile a donc quelque chose d'artificiel ! C'est tout un univers d'enfant. Et pour un acteur, quand tu rentres là-dedans, c'est comme rentrer dans un magasin de jouets. C'est pour toutes ces raisons que c'était une partie de plaisir. Et Yann savait vraiment ce qu'il voulait. Et quand le mec en face de toi sait ce qu'il veut et qu'il t'écoute si jamais ça ne fonctionne pas malgré ce qu'il veut, ce n'est que du bonheur !

Yann Moix voulait aussi tourner avec Julie Depardieu et j'ai cru comprendre que, pour vous aussi, c'était une belle rencontre…

Ah moi, je trouve que Julie, elle est ex-tra-or-di-nai-re ! Yann a dit une phrase formidable à son propos : « La chose la moins importante que Julie avait à faire dans sa journée, c'était de tourner ! » Parce qu'elle s'en fout royalement ! Elle a une espèce de grâce que l'on ressent bien à l'écran. C'est quand même la fille du plus grand acteur français et elle n'en a strictement rien à foutre.

Malgré son statut, elle est terriblement modeste. Elle arrive sur un plateau, elle est radieuse, elle dégage une espèce de sincérité, de vérité qui n'appartient qu'aux gens qui prennent le tournage de manière totalement ludique, tout en restant très « pro », hein ! Mais Juju, elle tournait et, dès qu'on avait dit « Coupez », elle prenait son téléphone portable et elle parlait de tout autre chose… Et puis tu lui dis : « Ju, on peut se remettre en place ? », elle te dit : « Oui, qu'est-ce que je dois faire ? » Et elle y va… C'est un rayon de soleil ! Je ne lui jamais vu faire un caprice. Et elle diffuse une telle énergie sur le plateau ! Ça a été un grand moment dans ma vie, cette rencontre ! Jean-Paul a éprouvé la même chose. Et je trouve que le film transpire notre joie d'être ensemble.

J'ai aussi cru comprendre que la dernière séquence du film, tournée d'une traite, vous a terriblement ému…

Oh oui ! C'était difficile parce que c'est la seule fois où je chante au naturel, où je n'essaie pas de chanter comme Claude François. De plus, la dernière, je l'ai enregistrée en une prise… Jean-Claude Petit, responsable à l'époque des arrangements pour Claude François, a réalisé les arrangements de cette dernière chanson. C'est une chanson très triste, écrite par Julien Clerc, que j'adore, et je voulais vraiment la faire bien… Comme on s'applique dans les karaokés ! Et l'émotion que j'ai mise dedans n'est pas feinte : j'étais ému de la chanter en studio devant ce grand arrangeur ! À la fin de mon interprétation, ils m'ont dit : « Celle-là, on ne la refait pas ! On n'y touche pas ! On aura peut-être mieux techniquement mais on ne retrouvera jamais la sincérité de la voix de cette première prise ! » Cependant, je n'ai aucun mérite : je ne jouais pas l'émotion, j'étais vraiment ému.

Pour tourner un projet comme celui-ci, vous avez forcément dû rencontrer les fils de Claude François ?

Ah oui, bien sûr, parce que vous ne touchez pas à Claude François sans les consulter, c'est normal. Je sais qu'ils ont laissé Yann adapter son livre parce qu'un des deux fils de Claude François m'aimait beaucoup et a dit : « Si c'est Poelvoorde, on dira oui. » Et après, ils nous ont laissés tranquilles. Je les ai rencontrés, je leur ai dit : « Je ne ferai jamais un film qui se moque de votre père, ni même des sosies, ni des fans, parce que ça ne sert strictement à rien ! » Pour moi, ce qui était important, c'était de faire un film joyeux et frais, même s'il aborde des sujets difficiles… *Podium*, c'est comme une chanson de Claude François : elle a l'air légère, elle dure trois minutes trente et, pourtant, elle est souvent grave. Mais non, vous l'écoutez en battant du pied… Et les enfants de Claude François ont vu le film terminé, et ils l'ont adoré ! Qu'on aime ou qu'on n'aime pas Claude François, on a envie d'écouter ses chansons en sortant de la salle… Il y a même des gens qui m'ont dit : « Je n'aime pas Claude François mais j'aime le film. » Parce qu'une fois encore, le film touche à quelque chose d'universel : il parle de l'enfance et, sans doute même, du passage de l'enfance à l'âge adulte.

Podium va réaliser un joli score au box-office hexagonal : plus de trois millions et demi d'entrées ! Mais, au-delà du succès populaire, c'est un grand succès médiatique : même ceux qui ne vont pas voir le film découvrent à la télévision les immenses qualités de Benoît Poelvoorde. C'est à peu près à partir de Podium que les talents belges qui affirment sans complexe leur belgitude vont devenir « tendance » à Paris. Car qui d'autre que l'acteur namurois aurait pu tenir à bout de bras ce rôle « hénaurme » de Bernard Frédéric, qui plus est dans un premier film signé par un néophyte dans le monde du cinéma ? Personne.

Fort de ce succès, Benoît est invité par le Festival de Cannes à faire partie du jury de la compétition, présidé cette année-là par Quentin Tarantino. Le cinéaste américain fera le forcing pour décerner la Palme d'Or au pamphlet documentaire Fahrenheit 9/11 de Michael Moore et Benoît suivra assez docilement ce choix.

N'importe quel autre acteur avec un plan de carrière derrière la tête aurait capitalisé sur le triomphe de Podium et soigneusement choisi ses projets dans la foulée. Pas Benoît. Les deux autres films au générique desquels il met son nom en 2004 sont des projets qu'il a acceptés par sympathie. En juillet, c'est Atomik Circus, une comédie écrite et réalisée par deux frères, Didier et Thierry Poiraud, dont il partage l'affiche avec Vanessa Paradis et Jean-Pierre Marielle. Hélas, ce film qui se veut délirant ne décolle jamais et se révèle être un ratage total. Heureusement pour Benoît, il sort l'été dans l'indifférence générale.

Ensuite, au début de l'hiver, déboule Narco, encore une comédie signée par un tandem, Gilles Lellouche et Tristan Aurouet, qui raconte l'histoire de Gustave (Guillaume Canet), narcoleptique qui souffre de crises de sommeil intempestives… Le résultat est moins catastrophique que Atomik Circus, mais ressemble à une collection de blagues *de potaches. Poelvoorde s'y amuse à incarner Lenny Bar, un karatéka amateur, disciple de Jean-Claude Van Damme… La tournée promotionnelle qu'il effectue pour* Narco *est l'occasion de dresser avec lui le bilan de son année.*

Comment s'est déroulé « l'après-Podium » pour vous ?

Oh, *Podium* n'a absolument rien changé à ma vie ! Si ce n'est que j'ai eu un peu plus de mal, dans les mois qui ont suivi la sortie du film, à aller faire mes courses. Le magasin est à cent mètres de chez moi, il me faut d'habitude dix minutes pour ramener mes clopes, et là, parfois, il me fallait une heure et demie parce que je signais des dédicaces pour tout le monde !

Et le Festival de Cannes ?

Ah là, mon foie a peut-être un peu souffert, Hugues, car j'ai enchaîné les fêtes sans arrêter pendant douze jours… Et vous savez comme moi que les fêtes à Cannes sont conséquentes ! Je me suis bien amusé à regarder ce festival par l'autre côté de la lorgnette quand même ! Ça a un peu relativisé ma vision de ce monde de paillettes. J'avais déjà vécu ce festival, mais je « starifiais » quand même un peu la Sélection officielle, j'idéalisais la réalité… Et de l'avoir vécu au sein du jury m'a permis de me dire : « Au fond, ce n'est quand même jamais qu'un rassemblement d'êtres humains qui parlent du travail d'autres êtres humains, entourés de gens qui boivent avec encore d'autres êtres humains », c'est toujours un peu pareil ! Ça ne m'a pas impressionné plus que ça.

Après *Podium*, premier film de Yann Moix, il y a eu un autre premier film, *Atomik Circus* et, maintenant encore, un autre premier film : *Narco*... Est-ce un concours de circonstances ou vous aimez les aventures que constituent les premiers films ?

Non, c'est un pur concours de circonstances qui explique que j'ai fait trois premiers films d'affilée. Quand je lis un scénario, je ne regarde pas si c'est un premier, un deuxième, un cinquième... De plus, très sincèrement, je me fous éperdument de tourner avec untel ou untel : ce n'est pas parce que c'est Tavernier ou Chabrol que je regarderai son scénario avec plus de bienveillance... Je m'en fous ! Tout le monde est capable de faire un navet. Et moi, si le scénario me plaît, si la rencontre me séduit, tant mieux ! L'avantage avec les premiers films, c'est qu'il y a un enthousiasme que tu ne retrouveras jamais par la suite − attention, je ne dis pas que ceux qui ont fait plus de films et ont plus d'expérience ne sont pas intéressants −, mais l'enthousiasme d'un premier film a toujours quelque chose d'attachant parce que les réalisateurs sont heureux d'avoir réussi à le monter et ils te donnent énormément. Ce qui signifie que, quand je tourne pour eux, c'est toujours un plaisir, mais je ne le fais pas que pour cette raison-là : c'est un concours de circonstances si j'ai fait beaucoup de premiers films.

Je vois un trait d'union dans ces derniers films : vous incarnez souvent des personnages un peu ringards ou un peu marginaux, mais qui se la jouent en permanence, qui vivent dans un rêve éveillé...
C'est encore le cas dans *Narco* : vous jouez un gars

qui se prend pour le plus grand karatéka du monde. Et ce, après le plus grand producteur de variétés du monde dans *Atomik Circus* et le plus grand Claude François du monde dans *Podium* ! Vous croyez que vous inspirez ce genre de rôles ?

Ah, c'est clair que ces trois films-ci, les réalisateurs les ont écrits pour moi ! Pour *Podium*, Yann Moix l'a suffisamment répété. En ce qui concerne *Atomik Circus*, cela faisait des années que les frères Poiraud avaient écrit le personnage d'Allan Chiasse. Quant au personnage de Lenny Bar dans Narco », c'est le seul que Lellouche et Tristan Aurouet avaient écrit en pensant à un acteur précis. Après, forcément, je fais naître ces personnages dans la tête des auteurs ; je joue très bien les rôles au premier degré : j'incarne les gens qui croient vraiment à ce qu'ils font… Donc on me donne souvent des rôles d'imbéciles. C'est une des raisons pour lesquelles j'arrête un peu de les faire, uniquement parce que je commence à m'ennuyer un peu.

Ce que j'entends souvent, c'est « Poelvoorde fait du Poelvoorde » ; ça doit être agaçant à entendre, ça, non ?

Oui, avant vous, un journaliste me l'a encore répété ! Qu'est-ce que vous voulez que je dise ? Ça ne me gêne absolument pas, d'autant que pour moi, ce n'est pas vrai ! Je cite toujours l'image d'une forêt vierge : si tu regardes d'en haut, tu as l'impression que c'est tout vert, et quand tu te rapproches, tu t'aperçois que la flore est très variée… Pour moi, chaque personnage que je joue m'apprend des choses sur moi ; j'apprends en même temps que je montre ! Alors « Poelvoorde fait du Poelvoorde » ? Il y a aussi des gens qui viennent me voir parce qu'ils aiment ça, parce qu'ils veulent me voir… Il y a toujours cette sacro-sainte course à la performance, à se dépasser, à dire « Et maintenant je fais autre chose »… Non, je m'en tape, je fais les choses par plaisir, je les découvre moi-même, je les vois avec le public !

Le 26 février 2005, au Théâtre du Châtelet à Paris, se déroule la 30ᵉ Nuit des Césars, les trophées du cinéma français. Dans la catégorie « meilleur acteur », Benoît Poelvoorde est nommé pour son rôle dans Podium. *Il concourt aux côtés de Gérard Jugnot pour* Les Choristes, *Daniel Auteuil pour* 36 quai des Orfèvres, *Mathieu Amalric pour* Rois et Reine *et Philippe Torreton pour* L'Équipier. *Je le retrouve surexcité sur le tapis rouge à l'entrée du théâtre…*

Bonjour les amis, bonjour la Belgique ! Croisez les doigts pour moi !!

Comment ça va, Benoît ?

Eh bien, écoutez, j'ai un peu un parapluie dans le c…

Qu'est-ce qui est le plus difficile ? Une soirée comme celle-ci ou danser sur un air de Cloclo ?

Aah, je pense que ça se vaut, quand même ! Parce que je n'arrive pas à me détendre, il faudrait que je m'assouplisse un peu… Enfin, je préfère quand même être ici plutôt que de devoir danser !

Vous avez prévu un petit speech ?

Non, j'ai même failli ne pas mettre de pantalon parce que je me suis dit : « Je ne vais pas me lever, de toute façon ! » Non, je n'ai rien prévu… À mon avis, j'ai peu de chances, je crois que ça va être pour Jugnot !

Gérard Jugnot, autre vedette de 2004 avec l'énorme succès des Choristes, *tout comme Benoît Poelvoorde, repartira les mains vides : c'est Mathieu Amalric qui décrochera le César du meilleur acteur grâce au film* Rois et Reine *d'Arnaud Desplechin.*

Même s'il évite de manifester sa déception publiquement, Benoît est meurtri : lui, l'acteur autodidacte rempli de doutes, aurait tant aimé voir son talent reconnu par ses pairs, par les « professionnels de la profession » ! Qui plus est, ce soir-là, sa compatriote Yolande Moreau remporte deux César, celui de la meilleure actrice et celui du meilleur premier film pour Quand la mer monte… *L'occasion était décidément trop belle cette année-là de voir deux talents belges triompher aux César !*

ENTRE SES MAINS

2005

Le
contre-emploi

À la rentrée de l'année 2005, Benoît Poelvoorde retrouve le FIFF, le Festival international du film francophone de Namur, l'événement qui avait déjà accueilli la première du film Le Vélo de Ghislain Lambert *de Philippe Harel. Cette fois, il ne vient pas défendre une nouvelle comédie, mais un drame très sombre,* Entre ses mains, *écrit et réalisé par Anne Fontaine. La cinéaste a alors déjà imposé un style dans le cinéma français en signant des drames troublants et ambigus comme* Nettoyage à sec, Comment j'ai tué mon père *et* Nathalie…

Entre ses mains *est empreint d'une atmosphère « à la Simenon », dans la ville de Lille engourdie par l'hiver. Claire (Isabelle Carré), une jeune mère de famille sans histoires, rencontre Laurent (Benoît Poelvoorde), un vétérinaire à la fois séducteur et très solitaire… Entre eux se noue une véritable complicité, en même temps que naît dans l'esprit de Claire un horrible doute : et si Laurent était le « tueur au scalpel », ce* serial killer *qui écume la région depuis plusieurs semaines ?*

De la même manière que Coluche surprit tout le monde en tenant un rôle dramatique dans Tchao Pantin *de Claude Berri, Benoît Poelvoorde prouve avec* Entre ses mains *qu'il est capable de changer complètement de registre. Et pourtant, ce changement de cap n'avait rien de prémédité chez lui, comme il me l'explique, très calmement, dans les salons du Grand Théâtre de Namur...*

Anne Fontaine vous a donné le scénario de ce film de manière un peu innocente...

Absolument ! En prétextant qu'elle voulait me demander mon avis sur ce scénario, chose qu'elle n'avait jamais fait auparavant, donc j'aurais dû me méfier ! En fait, c'était, selon son expression, une « déclaration en oblique », une manière de me guider doucement vers le sujet... J'ai donc donné mon avis sur ce scénario, que je trouvais très bien, et assez naïvement, je lui ai demandé : « Mais tu penses à qui ? » Elle était certaine qu'elle voulait Isabelle Carré, mais me disait : « L'acteur, je n'ai pas encore trouvé. » Et je cherchais avec elle ; je lui disais au téléphone : « Je verrais bien Machin ou Machin. » Ce n'est que quelques mois plus tard qu'elle a osé attaquer de front.

Mais par quel biais connaissiez-vous Anne Fontaine ?

Je l'ai rencontrée dix ans auparavant, dans un festival, à la sortie de *C'est arrivé près de chez vous*. Nous avons passé une soirée ensemble ; nous nous sommes revus dans d'autres festivals... De fil en aiguille, nous sommes devenus amis ; c'est une personne qui me fait rire, elle a une vision assez singulière de la vie, on s'enrichit mutuellement parce qu'on a des visions diamétralement opposées sur pas mal de choses… Puis elle a eu le même agent que moi, et nous avons sympathisé davantage. C'est comme ça qu'elle en est venue à me proposer ce scénario. Mais sinon, au départ, rien ne nous rapprochait, hein !

Vous avez fait des essais pour ce rôle ?

Non, j'ai d'abord refusé. Quand elle a enfin osé me proposer le rôle de Laurent dans *Entre ses mains*, je lui ai répondu : « Non, c'est hors de question, je ne peux pas jouer ça ! Tu aurais dû me le demander tout de suite, je te l'aurais dit ! » Je ne m'en sentais pas capable. Et elle m'a rétorqué : « Laisse-moi décider si tu en es capable ou pas. » Par la suite, je ne sais pas trop pourquoi, j'ai réfléchi et je me suis dit « Tiens, pourquoi pas, au fond ? » Nous nous sommes retrouvés lors d'un festival au Japon, le Festival d'uniFrance à Yokohama, et là, elle m'a proposé de faire une lecture avec elle d'une scène d'*Entre ses mains*. Je ne voulais pas, mais elle a réussi à m'avoir parce que je suis quelqu'un de facile à faire plier, et j'ai fait une lecture avec elle d'une séquence assez dure. Elle a conclu : « Moi, je pense que tu es capable de le faire, je trouve même que tu devrais. » Après lui avoir encore dit non, j'ai réfléchi et j'ai dit oui.

Qu'est-ce qui vous a fait peur, à la base ?

Bah, c'était l'idée de faire un film où je n'avais pas mes marques, quoi ! Je suis habitué à faire des comédies, des films rythmés, qui relèvent presque de la technique comique. En plus, j'ai une nature comique, donc je sais de quoi je parle ! Mais je ne savais pas si j'avais une nature romantique ou dramatique… Donc, c'était compliqué d'aller vers quelque chose que je ne connaissais pas !

En plus, vous êtes face à Isabelle Carré qui vient d'un univers plus dramatique...

Ah oui, elle a une expérience bien plus grande que la mienne et je crois d'ailleurs que, sans elle, je n'aurais pas pu faire ce film ! Je pense vraiment que je n'aurais pas pu. Le film s'appelle *Entre ses mains*, et moi, j'étais plutôt entre les siennes ! Elle m'a beaucoup aidé ; elle était très sensible au fait que j'avais peur, et mon inexpérience l'a aidée pour son personnage. Je dégageais une sorte de pudeur, liée au personnage, mais aussi à moi qui n'osais pas affronter une chose aussi simple qu'une histoire d'amour !

Isabelle a une technique très différente ?

Elle travaille énormément, Isabelle ! C'est quelqu'un qui prépare son rôle et qui est absolument inébranlable. Elle n'arrête pas de jouer ! Vous pouvez recommencer la scène seize fois, dix-sept fois, elle essayera des variations, mais elle gardera toujours les éléments fondamentaux que nécessite la scène : vous aurez toujours les 85 % justes, et après elle rajoutera des couches dessus… Mais c'est quelqu'un d'absolument constant, contrairement à moi qui suis un acteur très fluctuant. Elle m'a appris à me concentrer et puis, surtout, elle m'a appris l'une des plus belles choses qu'on puisse apprendre sur un film :

faire confiance aux autres. Ce que je ne faisais pas avant. Je me disais toujours « Je suis le seul maître à bord », tandis que là, elle m'a dit : « Non, tu ne pourras pas agir comme ça sur ce film-là ! » C'était clair, puisque je n'avais pas confiance en moi.

Justement, est-ce qu'il fallait beaucoup de prises pour que vous vous « accordiez » ?

Non, c'est ça qui est curieux : j'ai eu des difficultés, mais qui étaient plus de l'ordre de la retenue… J'étais récal-citrant, il y avait des choses que je ne voulais pas faire, je disais : « Non, ça, je ne sais pas faire, je ne peux pas, c'est impossible ! » Et, à partir du moment où j'acceptais, on faisait deux prises, trois prises, ça roulait… Comme le disait Anne Fontaine – je ne me lance pas de fleurs, hein, je la cite : « L'avantage avec Benoît, c'est qu'il ne joue pas : il est. » Une fois que je suis dedans, ça va, mais il faut que je comprenne ce que je fais. Une fois que j'ai com-pris, je suis instinctif, je le fais du premier coup, et hop ! Après, on améliore… Et comme dit Benoît Mariage : « On aura différent, mais on n'aura pas mieux ! »

Est-ce que le plus difficile, justement, n'était pas de « sous-jouer » par rapport à des films où vous devez être beaucoup plus pétaradant ?

Ah si ! Alors Hugues, tout à fait, parce que, quand vous dites « pétaradant », c'est exactement ça : la première semaine de tournage a été extrêmement éprouvante parce que j'avais l'impression de « rester en carafe », comme on dit au cinéma. Je n'ai pas l'habitude de ne pas intervenir, j'avais l'impression d'être oublié dans le bazar. Et, en fait, pas du tout, parce que le film tient beaucoup sur des non-dits : les yeux, les regards, leur souffle, leur approche mutuelle, tout se fait justement dans les silences… Donc, la première semaine, c'est là que j'ai compris que je devais faire comme pour les comédies : incarner mon personnage au premier degré. Ma peur venait de mon inexpérience dans ce genre de film. Une fois que j'ai été dedans, je me suis dit : « Au fond, aie confiance en ce que tu ressens ! Si tu as confiance, le silence est aussi bruyant que les gesticulations ! »

Vous alliez voir les rushes ?

Ah non, caca, j'étais interdit de tout ! Tout ! Anne m'a interdit le combo – la petite télévision sur le plateau qui permet de voir les prises qu'on vient de faire –les photos de plateau… elle m'a tout interdit ! Il n'y avait vraiment que le son que je pouvais vérifier si je voulais. Et elle a bien fait, parce que j'étais tellement à l'affût, nerveux, angoissé… Elle m'a dit : « Ça ne sert à rien, ça va nous encombrer ! »

Et pendant le tournage, une fois que vous terminiez les prises, vous sortiez vite du personnage ?

Ah oui… Enfin, ça dépendait des séquences. Certaines étaient si dures à faire, que je n'ai pas pu… C'était la première fois que j'étais concentré, quand même ! Moi qui ne me concentre jamais quand je tourne ! En général, j'y vais, je parle avec mon voisin, et puis on me dit le texte, et hop je réponds ! Mais sur ce film-ci, ce n'était pas possible parce qu'il fallait vraiment être dedans. C'est quand même l'histoire d'un mec qui, en dehors de son histoire d'amour, commet quand même des actes inavouables… C'est un homme intérieur ; on filme presque sa conscience ! Donc, sur le tournage, je ne pouvais pas commencer à faire « pouet ! pouet ! » entre les prises. Mais, quand j'avais fini la prise et qu'elle était bonne pour moi, il m'arrivait de déconner ! Isabelle, elle, parvenait à garder sa concentration même quand je déconnais. D'ailleurs, elle a réclamé une certaine forme de légèreté parce qu'un film tourné dans la gravité ne donne pas nécessairement un film grave.

Avec le recul, vous sentez dans votre travail qu'il y a un « avant » et un « après » *Entre ses mains* ?

Ah oui ! Juste après, j'ai enchaîné deux films : *Selon Charlie* de Nicole Garcia et *Du jour au lendemain* de Philippe Le Guay, un film comique sur le bonheur, mais dans lequel on retrouve quand même des scènes difficiles. Et je sais que, si je n'avais pas fait le film d'Anne, je n'aurais pas arrêté d'emmerder Nicole et Philippe, parce que c'était pour moi des rôles difficiles. Par exemple, dans le film de Nicole, c'est un film choral, je n'ai pas le rôle principal, mais c'est quand même un rôle très important, je joue un mec qui a tout le temps peur, il panique sans cesse, et Nicole n'acceptait aucune improvisation ; il ne s'agissait même pas d'essayer de remplacer un mot par un autre, et, en plus, cela réclamait de nouveau un énorme investissement intime, je devais me dire « Je dois avoir l'air d'un petit garçon qui a tout le temps peur »… Si Anne

Fontaine n'avait pas chez moi « dégrossi le boulot » avant, en me disant « Il ne faut pas avoir peur de toi », je n'aurais pas pu tourner *Selon Charlie*. Pareil pour Philippe Le Guay : j'ai eu une facilité incroyable à faire des choses qu'avant, j'aurais refusé de faire.

On vous ennuyait tout le temps à vous demander – moi y compris : « Est-ce que Poelvoorde ne fait pas son Poelvoorde ? » Est-ce que, depuis Entre ses mains, vous avez la paix ?

Ah non, je persiste et signe : je fais du Poelvoorde ! Mais à la question de savoir si on me laisse tranquille, je vous dirai que c'est un peu comme quand on achète ses lettres de noblesse… Coluche disait : « Le cinéma français vit de ses comédies et récompense ses drames », personnellement je ne suis pas pour ce clivage. Je pense que tourner un drame est un travail différent d'une comédie, mais en même temps, c'est un peu pareil, quand même ! Il n'y a pas un genre qui soit mieux ou moins bien que l'autre, c'est le même travail pour un acteur, qui demande le même investissement… Disons que maintenant j'ai pignon sur rue avec la presse « élitiste », mais, pour moi, c'est pareil ! Mais il y a quand même une sorte d'*a priori* de la part de la critique française : tout à coup, parce que tu as fait un film avec des gens plus « intellos », c'est comme si on découvrait que tu es capable de lire le Bottin à l'envers… Je trouve ça un peu dommage. Heureusement, le public ne fonctionne pas comme ça, il s'en fout de ce clivage. Ce sont les critiques qui le créent.

Vous avez l'air d'enchaîner les tournages… Est-ce parce que la conjoncture est heureuse et qu'on vous propose beaucoup de rôles excitants, ou est-ce parce que, comme on ne prouve le mouvement qu'en marchant, on n'éprouve la vie qu'en tournant ?

Ah non ! C'est une conjonction de circonstances, on me propose beaucoup plus de choses intéressantes… Mais tourner de nouveaux films est aussi une forme de lâcheté de ma part. Parce que je sais que je voudrais faire autre chose, mais je n'arrive pas à me lancer définitivement, et le fait d'accepter les tournages est une manière de remettre à plus tard ce qui demeure à mes yeux le véritable enjeu, c'est-à-dire aller tout seul jusqu'au bout de l'expérience de faire un film moi-même. Parfois, j'ai tendance à me lancer dans des projets qui, même s'ils sont de qualité, me détournent de cet objectif. Il m'arrive de me dire : « Prends ton courage à deux mains et refuse des films ! » Ce n'est pas difficile de refuser un film qu'on n'estime pas bon ou pas pour soi, mais refuser un film qu'on aime bien parce qu'on préfère travailler sur son propre projet, là, ça demande plus de courage et je ne l'ai pas encore… Mais ça va venir, hein, je vous assure que ça va venir, Hugues ! Un jour, on se retrouvera vous et moi, et vous me direz « Enfin ! »

DU
JOUR
AU
LENDEMAIN

2005

L'incursion malheureuse dans la comédie musicale

Le 25 février 2006, à la 31ᵉ Nuit des César, Benoît Poelvoorde est une nouvelle fois nommé dans la catégorie « Meilleur acteur » grâce à Entre ses mains. *Mais, de nouveau, il voit le trophée lui échapper pour être décerné à un vétéran déjà couvert de lauriers, au cinéma comme au théâtre : Michel Bouquet remporte le deuxième César de sa carrière, pour son incarnation du président François Mitterrand dans* Le Promeneur du Champ de Mars *de Robert Guédiguian.*

En mars sort sur les écrans Du jour au lendemain *de Philippe Le Guay. Benoît Poelvoorde y incarne un quidam, François Berthier, qui accumule les malchances et les contrariétés dans sa vie quotidienne jusqu'au jour où, comme par enchantement, tout semble désormais lui sourire… Pourquoi ? Comment ? Berthier s'interroge…*

Du jour au lendemain *recèle quelques jolies trouvailles, mais, comme pour bien souligner la dimension fantaisiste de son film, Philippe Le Guay a eu la très fausse bonne idée de le parsemer de quelques chansonnettes sans grâce et sans intérêt. Mal à l'aise dans ce film bancal, Benoît, fair-play, essaye malgré tout d'en assurer la promo…*

Est-ce que vous aviez vu le film précédent de Philippe Le Guay avant d'accepter celui-ci ?

J'ai vu tous les films de Philippe, ou alors il m'en a caché ! Il m'avait proposé de jouer dans *Le Coût de la vie*, mais je tournais *Podium* à ce moment-là et j'ai dû refuser. Nous nous sommes rencontrés, Philippe et moi, pour la première fois ici à Bruxelles. Malgré mon premier refus, il est revenu me proposer un nouveau film, *Du jour au lendemain*, ce que je trouve très élégant ! Car, habituellement, les réalisateurs prennent assez mal un refus.

Le film est à mi-chemin entre le réalisme, dans sa première partie, et le conte philosophique dans sa deuxième... Est-ce que négocier ce virage était difficile ?

Paradoxalement, c'est un des rares films où c'est moi qui ai demandé de ne pas monter dans les tours ! Très souvent, Philippe me disait : « Tu peux monter si tu veux » et je lui répondais : « Non, non, c'est mieux de rester sobre... » Alors qu'avec un scénario pareil, j'aurais pu effectivement choisir de monter très vite... Mais je ne l'ai pas fait et c'est Philippe qui me l'a fait remarquer. J'ai adouci le trait, alors qu'il était possible d'aller franchement dans la gaudriole.

Vous avez pas mal de scènes avec un humoriste d'une autre génération : Rufus...

Oui, mais je dois bien avouer que je n'ai pas ressenti la même émotion que celle que j'ai éprouvée en rencontrant Isabelle Carré dans *Entre ses mains* ! Entre Rufus et moi, il n'y a pas eu de véritable rencontre. C'est curieux, hein, parce que, souvent, on raconte qu'au cinéma, tout le monde se rencontre, que tout le monde s'aime… Non, je mentirais en disant que ça a été une grande histoire d'amour entre Rufus et moi ! Par contre, j'ai eu énormément de plaisir à tourner avec Anne Consigny.

On vous a vu en septembre au Festival de Namur, et maintenant…

Oh, je vois arriver votre question : « Vous ne trouvez pas qu'on vous voit beaucoup ? » C'est vrai, mais ce n'est pas de ma faute ! Je vais vous expliquer comment les choses fonctionnent : si je ne fais pas la tournée promotionnelle pour ce film, je manque à mon devoir par rapport au réalisateur qui a envie qu'on défende son film et qu'on le fasse exister.

Au-delà de la question de la promo, il y a d'abord cette boulimie de tourner…

Oui, je ne sais pas pourquoi, on m'en propose beaucoup… Est-ce que c'est lié à l'âge ? Je ne vais pas refuser des films s'ils me plaisent ! Mais après, j'ai ce problème de la promo ! Alors, on me dit : « Mais on vous voit tout le temps ! » Je pourrais très bien dire : « Je fais ce film, mais je ne fais pas de promo », mais ce serait très mal vu par celui qui le distribue… Notre visibilité, à nous acteurs, ne dépend pas que de nous !

Mais tourner beaucoup, cela traduit une vraie gourmandise, non ?

Ah mais, moi, si je le pouvais, je tournerais tout le temps ! J'adore les tournages !

« Je tourne, donc je suis » ?

Non, je n'en suis pas là, quand même ! Mais je crois que c'est lié à des états d'âme, à des stades de ma vie. En ce moment, ça me plaît de tourner. Je suis à un âge où il faut se magner un peu… Tant que j'ai l'enthousiasme, il faut y aller !

Qu'est-ce qui vous excite prioritairement ? Ce sont les rencontres ou la curiosité de voir ce que le scénario va donner ?

Au départ, quand j'accepte un film, c'est parce que le scénario me plaît. Et j'adorais le « pitch » de ce film. L'idée que, du jour au lendemain, ta vie devient formidable sans que tu saches pourquoi, ça m'a plu ! J'ai rencontré Philippe, on avait les mêmes intérêts intellectuels, je lui ai demandé : « Comment vas-tu le faire ? Comment vas-tu en parler ? Nickel, pour moi, c'est bon ! » En plus, c'était la première fois que je jouais un personnage vraiment gentil – il est même un peu victime de sa gentillesse – et, de fil en aiguille, il évolue, il est heureux, puis un petit peu parano… C'était vraiment très amusant à jouer. Avant de me décider pour un scénario, je me pose juste la question : « Est-ce que j'ai envie de le faire ? Oui ? O.K., j'y vais ! »

Est-ce qu'accepter ces tournages est aussi une manière de reculer devant l'obstacle de l'écriture – puisque tu as ton propre projet de film ?

Héhé… Peut-être ! Ça, je le sais, oui ! Mais c'est aussi ma bouée de sauvetage, si jamais rien ne va plus… Moi, du moment que je garde l'enthousiasme, l'envie de faire des trucs… Même si, par exemple, je me retrouvais à l'étage des revers de fortune, j'aurais toujours l'écriture parce que j'adore ça ! L'écriture, je la garde en réserve, car, pour l'instant, on me propose des choses qui m'intéressent beaucoup ! Et comme pour *Entre ses mains*, ce sont des choses différentes, et quand ça m'amuse et que ça me plaît, je le fais ! Peut-être qu'un jour, on va me dire : «Vous nous intéressez moins, barrez-vous ! » À ce moment-là, je me renouvellerai… Et j'écrirai ! Et si ça ne fonctionne pas, eh bien, ça ne fonctionne pas !

Deux mois plus tard, en mai 2006, Benoît retrouve le Festival de Cannes. Il y accompagne la réalisatrice Nicole Garcia, dont le film Selon Charlie *a été sélectionné en compétition. Film choral, qui entremêle les destins de sept personnages dans une petite ville de province au bord de l'Atlantique,* Selon Charlie *n'obtient qu'un accueil glacial sur la Croisette. Assez confus dans sa construction, dénué d'émotion, le film a beau bénéficier d'une belle distribution – Poelvoorde y partage l'affiche avec Vincent Lindon, Jean-Pierre Bacri, Benoît Magimel… –, rien n'y fait : il sera boudé par la critique et le public, même lors de sa sortie en salles à la fin de l'été.*

Le 4 septembre 2006, Rémy Belvaux, qui s'était tourné depuis plusieurs années vers la réalisation de clips publici-

taires, se suicide à l'âge de 39 ans. À cause d'une brouille stupide, Benoît ne l'avait plus revu depuis longtemps. Rémy meurt sans s'être réconcilié avec lui ; pour Benoît, la douleur est immense.

COWBOY

2007

Le
retour salutaire
au cinéma belge

Le 28 septembre 2007, la 22ᵉ édition du Festival de Namur s'ouvre avec Cowboy, *le troisième long-métrage d'un enfant du pays, Benoît Mariage. Le film est resté longtemps sur la table de montage, à cause de divergences d'opinions entre le réalisateur et son producteur... Pendant cet épineux accouchement, Benoît Poelvoorde a enchaîné les tournages : après* Cowboy, *il a rejoint le casting d'*Astérix aux jeux Olympiques *en Espagne, à Alicante, pour ensuite s'envoler en Afrique du Sud tenir la vedette d'une comédie,* Les Deux Mondes.*
Benoît arrive au Festival de Namur fatigué par cette succession de tournages, mais plutôt rasséréné : il a vu* Cowboy *enfin monté un an après avoir été tourné et il adore le film.*
Cowboy *s'inspire d'un fait divers qui a défrayé la chronique belge en 1980 : « L'affaire Michel Strée », du nom de ce garçon rebelle, au look d'Elvis Presley, qui avait détourné un bus scolaire de Vielsalm jusqu'à la RTBF pour tenter de s'emparer de l'antenne et d'y dénoncer les injustices sociales...*
Dans Cowboy, *Poelvoorde incarne Daniel Piron, un journaliste provincial qui veut réaliser le documentaire qui va changer sa vie : retrouver la trace de Tony Sacchi (personnage fictionnel*

inspiré par Strée), le héros révolutionnaire de sa jeunesse. Hélas, Sacchi est devenu un profiteur cynique, ce qui plonge Piron dans des abîmes de questionnement : son idéal doctrinaire se heurte à la dure réalité...

Le choix de Gilbert Melki pour incarner Tony Sacchi n'est pas très heureux, l'acteur français semblant se désolidariser du film dans lequel il tourne... Par contre, dans le rôle tragi-comique de Daniel Piron, Benoît Poelvoorde est à son sommet, jouant à merveille toutes les ambivalences du personnage, tantôt horripilant, tantôt profondément émouvant. Et il en parle avec passion...

Benoît, nous étions adolescents quand Michel Strée a détourné un bus vers la RTBF... Quel souvenir gardiez-vous de ce fait divers ?

J'étais en dernière année d'internat à La Roche-en-Ardenne, tout près de Vielsalm et, à l'époque, on n'avait pas la télé à l'internat... On entendait juste ce que disaient les externes à l'heure de la récréation. Le souvenir que j'en garde, c'est qu'on racontait tout et n'importe quoi dans la cour : que le type avait réussi à rentrer à la RTBF, qu'il avait abattu un enfant, etc. À l'époque, on se rendait en bus tous les mercredis à la piscine de Laroche qui se trouvait en fait à Vielsalm, soit une heure de trajet. Après cet événement, chaque fois qu'on se rendait à la piscine, on avait des flics dans le bus ! Pendant des semaines, on a eu des bus gardés pour aller à la piscine ! Voilà le principal souvenir que je garde de l'affaire Strée !

Et quand votre ami Benoît Mariage est venu avec cette idée...

Il m'a envoyé trois coupures de presse et les images d'archives de l'événement, et j'ai plongé dedans ! Ce qui me fascinait, c'était le visage enfantin, presque héroïque, du personnage. Au début, je n'ai pas très bien compris ce que Benoît attendait de moi, parce que je pensais : « je ne peux pas incarner ce type, même vieux, on n'y croira pas ! » Les images de la RTBF avaient, pour l'époque, un côté très violent : d'abord par les actes mêmes de Strée, mais aussi parce que la caméra avance fort vers lui ; on a l'impression de voir une action à Beyrouth, c'est très violent pour l'époque… Aujourd'hui, quand on regarde le journal télévisé, on est habitué : il y a une culture du choc… Mais ce n'était pas le cas à l'époque : la RTBF nous mettait toujours en garde en cas de diffusion d'images difficiles. Donc, ces images de Strée m'ont vachement surpris : c'était très fort, il y avait une vraie densité, même sans connaître le personnage. Après j'ai lu les coupures de presse, et, ce qui m'a surpris, c'est qu'il ait été acquitté en Belgique ! À partir de là, j'ai trouvé que c'était un sujet formidable ! Benoît m'a expliqué les idées que Strée avait défendues, que tout un groupe libertaire s'était mis derrière lui pour l'appuyer, que, grâce à cela, il avait été acquitté pour son geste… Aujourd'hui, si quelqu'un faisait un truc pareil, il prendrait vingt ans de taule !

Cela dit, le film se sert un peu de ce personnage comme d'une quête du Graal : en recherchant Tony Sacchi, il part à la recherche de ses idéaux de jeunesse…

Oui, d'ailleurs, on s'éloigne très vite de l'histoire de Michel Strée. Ce qui arrive à Tony Sacchi est très loin de la réalité – c'est pour cette raison que Benoît Mariage a tenu à réaliser en parallèle un documentaire sur Michel Strée, un homme qui est resté assez fidèle à ses idées. Mais vous avez raison : dans *Cowboy*, nous nous sommes servis de l'histoire de Michel Strée parce qu'il est l'emblème des rêves de Daniel Piron. Vingt-cinq ans plus tard, Piron travaille pour une télévision régionale et se dit : « Bon Dieu, je suis en train de faire la sécurité routière »… On comprend très vite que ce type a été un vrai militant de gauche ! C'est quelqu'un qui s'est battu, qui dressait les poings, qui voulait une justice pour tous... Le film décrit l'agonie de la gauche et se sert de Piron pour montrer son sursaut ; il se dit : « Je n'ai peut-être pas tout gâché si je réussis ce film sur Sacchi ! » Le film commence par la phrase : « L'estime de soi revient par la reconnaissance de ses échecs. » On a presque l'impression que le film est fini quand il démarre — ce que je trouve être une idée formidable ! Daniel Piron a besoin de cette expérience pour se rendre compte de son propre échec, dû notamment à son orgueil et à son incommunicabilité avec ceux qu'il est censé défendre.

Daniel Piron a un rêve trop grand pour lui, on s'en rend vite compte... Roger, dans *Les convoyeurs attendent*, nourrissait un rêve par procuration en entraînant son fils... Bernard Frédéric, dans *Podium*, a un rêve presque inaccessible... Vous aimez jouer des idéalistes qui n'ont pas les moyens de leur politique !

Tout à fait ! Mais à la lecture du scénario, *Cowboy* passait plus pour une farce ; c'est pour ça que les chaînes de télévision ont tout de suite accepté de le financer en se disant : « On va bien rigoler, il va y avoir François Damiens et Benoît Poelvoorde ! » Elles pensaient qu'on allait faire une parodie de la télévision et se moquer du documentaire, alors que, personnellement, ce que je trouve intéressant dans le film, ce n'est pas tant que Piron soit mauvais réalisateur, c'est plutôt qu'il ne prenne pas conscience que tout son discours altruiste, révolution-naire, de gauchiste militant tient certes la route, mais il révèle surtout qu'il est incapable de communiquer avec qui que ce soit ni même d'ENTENDRE qui que ce soit ! Il n'écoute pas sa femme, il n'écoute pas ses amis, il n'écoute personne ! C'est un homme seul, convaincu d'aider les autres. Et il n'y a rien de pire que ces gens qui hurlent à la terre entière qu'ils sont là pour aider et qui, finalement, sont des égoïstes absolus ! Il lui faut ce film et cette baffe dans la gueule pour réaliser qu'en fin de compte, il n'a rien compris à rien ! Même les beaux moments partagés comme la séquence où les anciens otages chantent ne provoquent que de l'aigreur chez lui ! Il est à deux doigts de détester l'humanité à force d'avoir voulu l'aimer ! Sa femme se fout éperdument de son film, et tout à coup, il y a cet enfant qui lui rappelle celui qu'il a été en lui disant : « Mais tout ça pour quoi ? Juste pour te rendre compte que tu ne sais pas parler aux gens ! Que tu es incapable d'entendre qui que ce soit ! » C'est pour ça qu'on tenait tant à finir *Cowboy* par une scène de chorale, car, là, Piron ne dirige plus les gens. Il fait partie d'un ensemble dirigé par d'autres, et n'est qu'une voix parmi d'autres. Il retrouve son équilibre en chantant avec d'autres gens.

Vous êtes un acteur ayant accumulé beaucoup de succès coup sur coup, ce qui est assez rare, or vous semblez absolument fasciné par les destins de loser. Comment expliquer ce paradoxe ?

Parce que j'ai l'impression qu'une « vie réussie », ça ne veut rien dire ! Tout le monde se pose cette question existentielle à quatre francs : est-ce que j'ai réussi ma vie ? Parler de « réussite » au cinéma m'ennuie… Je crois que c'est Orson Welles qui disait : « On ne s'intéresse qu'aux trains qui n'arrivent pas à l'heure »… Nous perdons énormément de temps à croire que la réussite doit d'abord être sociale, puis économique ; après ce sera une promotion, une belle femme, une belle maison, posséder des biens, s'entourer de plein de choses… Et puis, à mesure qu'on vieillit – moi, j'ai 43 ans –, on se rend compte qu'il nous manque quelque chose au plus profond de notre être, qui achèverait de nous construire… On ne parvient plus à grandir, quels que soient les films que l'on tourne, quelles que soient les réussites que l'on engrange, les médailles que l'on reçoit…

La réussite reste une notion très relative, à vous entendre…

Oui, je crois qu'il nous manque toujours le truc qui nous permette d'accepter le fait que nous sommes dans la descente de notre vie ! Il n'y a pas d'arrivée à la course ! Or, quand on est enfant, on vient au monde en se disant que la vie est une course cycliste, avec, au sommet, un podium et une arrivée avec des drapeaux ! … Mais non, il y a une descente à la fin, et personne ne nous attend en bas si ce n'est nous-mêmes. Il faut juste être prêt à accepter que nous ayons fait un chemin plus ou moins juste, que nous ayons triché à tel endroit, à quel endroit nous aurions pu aller un peu plus vite… Mais ce n'est rien d'autre que ça, on se retrouve devant une sorte de questionnement existentiel : « Oui, mais à quoi bon ? » On est obligé de réfléchir à ces questions ; et le problème, c'est que la connaissance est nécessaire, mais elle amène au doute et à la douleur… Et c'est ça que j'adore dans ces personnages ! Je retrouve en eux mes propres questionnements ; ils m'aident à parler de moi-même ! Ce film, je le partage avec les gens ; je me suis posé des questions et je n'ai pas de réponse ! Daniel Piron me parle beaucoup plus, forcément, que le personnage de Brutus sur son cheval parce que « Astérix » est un divertissement ciblé pour les enfants ! Je ne parle pas de moi en jouant Brutus, alors qu'au contraire, je parle beaucoup de moi en tournant *Cowboy* – bien que ce ne soit pas moi qui ai écrit le texte. Je suis, en effet, l'intermédiaire d'un auteur, mais il se dégage de moi quelque chose de presque inconscient... J'ai vu le film un an et demi après l'avoir tourné, et je me suis dit : « C'est terrible ! Tous ces questionnements, je les ai en moi et je les ai transmis sans m'en rendre compte ! » C'est troublant, hein ?

Vous évoquez la solitude du personnage. Il y a une épigramme d'Oscar Wilde que j'adore : « On vous pardonne très difficilement un succès. » Est-ce que le succès isole ?

Je n'en ai pas l'impression. C'est paradoxal, en fait. Le succès attire une sorte de fantômes amicaux qui gravitent autour de vous... Ils sont dangereux, car ces espèces d'amitiés spectrales flattent votre ego, surtout dans le cinéma ! Au début, j'étais d'une extrême méfiance ; j'ai peut-être *un* réel ami dans le cinéma. Un soir, nous étions en train de boire des coups ensemble et je lui ai demandé : « Est-ce que tu serais d'accord d'être sincèrement mon ami ou tu veux juste une relation de cinéma ? » Il m'a répondu : « Oui, je suis ton ami » et c'est vraiment le seul que j'ai dans le monde du cinéma. À travers cette anecdote, vous pouvez imaginer quelle réserve je mettais dans mon rapport aux gens de cinéma ! Et puis, au fur et à mesure de mes tournages, j'ai rencontré de plus en plus de gens, et vous finissez par prendre confiance grâce à des signes extérieurs d'amitié, mais ces gens-là disparaissent au moindre rayon de lumière – c'est pour ça que je les appelle des fantômes.

Le fait d'avoir vu ce film après une longue attente, de retrouver un climat qui vous plaît, une aventure tournée avec des copains en Wallonie, ça vous réconcilie avec le cinéma ?

Oui, ça m'a redonné le plaisir et le goût du cinéma ! À un moment, j'étais vraiment lessivé du cinéma… Le problème, c'est que j'aurais aimé faire ce film après les trois autres ! Et ce fut l'inverse ! Si le tournage de *Cowboy* s'était déroulé après « Astérix » et *Les Deux Mondes*, il m'aurait réconcilié avec le cinéma… Après avoir tourné ces grosses machines, je n'en pouvais plus, je voulais changer de métier, je voulais tout arrêter ! Et c'est parce que j'ai vu le film de Benoît que j'ai compris que je pouvais faire du cinéma autrement. J'ai été heureux sur le film de Benoît, alors que, sur beaucoup d'autres – et ça n'a rien à voir avec leur qualité –, j'ai été malheureux pour des raisons X et Y. Attention, je ne vais pas me plaindre, il y a des gens qui ont des vies beaucoup plus difficiles que la mienne, mais c'est parce que j'ai vu *Cowboy* que j'ai eu ce déclic : ce cinéma, comme le cinéma de Bouli Lanners, est un cinéma qui est proche des gens ! Que ce soit dans les mentalités ou dans les façons de travailler, nous, les Belges, ne travaillons pas du tout de la même manière que les Français ! Nous n'avons pas de hiérarchie ! N'importe qui peut intervenir sur le plateau et dire : « Je ne comprends pas très bien l'intérêt de cette séquence ! » Tandis qu'en France, c'est absolument impossible ! Ils préféreront tourner une séquence qu'ils estiment déjà nulle et qu'ils couperont au montage plutôt que de changer la feuille de service (*qui détaille le planning de la journée de tournage, N.D.L.R.*) ! En France, vous avez affaire à des espèces de fonctionnaires de la feuille de service qui n'osent rien dire ! J'ai vu des tas de techniciens qui détestaient le scénario. Or c'est la base de demander à un technicien, quel qu'il soit, s'il aime le script. Alors qu'en France, je tombe sur des mecs qui me disent : « Je ne l'ai même pas lu ! » Ils s'en contre-foutent ! Pour moi, ce n'est pas possible : en tant qu'acteur, tu dois être entouré de gens qui aiment ton projet. C'est ce que fait Benoît Mariage : il ne va jamais choisir un preneur de son qui n'aime pas son scénario. Il ne faut pas que le preneur de son dise : « Je fais ce film pour tel ou tel exercice technique », non, il faut qu'il connaisse le scénario aussi bien que toi ! Et ça, tu l'as en Belgique : tu communiques de la même manière avec un ingénieur du son qu'avec un figurant ! Nous sommes tous pareils ! Il n'y a pas de caravane – en France, moi, j'appelle ça les « films-caravanes » ; la production nous loge dans les mêmes hôtels, on boit dans les mêmes cafés, et ça aide énormément la communication pour chercher à réussir le film *ensemble* ! C'est pour ça que j'aime *Cowboy*, comme les autres films que j'ai faits avec Benoît : il n'y a pas de problème d'ego sur le tournage ! Et Benoît est capable le matin de tout remettre en question ; on avait parfois des discussions de trois heures, et on changeait tout ce qui était écrit ! Ce qui est peut-être difficile à comprendre pour des Français qui viennent tourner sur nos films ; ils disent : « Quoi ? On ne joue pas ce qui est écrit ? » « Eh ben non, on va changer, parce qu'on a déjà tourné cette séquence, on va faire un peu mieux, on a trouvé une meilleure idée parce que le décor nous l'offre. » Alors ils sont tout perdus ; ils disent : « C'est quoi mon texte ? » « Oh, mais t'inquiète pas, on va le trouver, et puis tu l'apprendras en cinq minutes, ce n'est quand même pas chinois, t'as quatre mots à dire ! » Certains ne supportent pas ça, parce qu'ils « ne savent plus quel film ils font ». Ils disent : « Moi j'ai signé pour un film qui est écrit *comme ça* ! » Et alors vous prenez du temps à leur expliquer que ça sera *mieux* ! Et voilà, ça, c'est compliqué, tandis qu'avec les Belges, ça passe comme une lettre à la poste !

LES
DEUX
MONDES

2007

Seul
au monde

Ayant multiplié les tournages, Benoît Poelvoorde se retrouve à devoir également enchaîner les tournées promotionnelles. À peine celle de Cowboy *terminée, le voici, à l'automne 2007, à devoir défendre un film indéfendable, ou presque :* Les Deux Mondes.

Au départ, l'idée du réalisateur Daniel Cohen est plutôt originale : raconter les tribulations d'un pauvre type embarqué malgré lui dans une double vie. À Paris, Rémy Bassano (Benoît Poelvoorde, on l'aura compris) est un modeste restaurateur de tableaux. Mais, dans un monde parallèle, il est projeté comme par magie dans le village de Bégameni, où il est célébré comme un dieu vivant. Comment Rémy va-t-il accorder ces deux vies ? Pour rendre ce scénario fantastico-burlesque à la fois palpitant et crédible, il aurait sans doute fallu la maestria visuelle d'un grand créateur d'images comme Terry Gilliam. Mais le néophyte Daniel Cohen n'est pas Gilliam, loin de là, et Poelvoorde gesticule comme un pauvre diable pour tenter de donner du punch à cette comédie maladroite. Dans Le Boulet, *il pouvait faire équipe avec Gérard Lanvin. Dans* Podium, *il y avait l'univers bariolé de Claude François, Julie Depardieu et*

Jean-Paul Rouve. *Mais, dans* Les Deux Mondes, *il est seul, terriblement seul !*
À la même époque, Benoît est victime des attaques de Yann Moix dans la presse. Le réalisateur-écrivain est furieux que son acteur favori l'ait lâché pour son nouveau projet de long-métrage, Cinéman. *C'est un Benoît las et désenchanté que je retrouve ce jour-là à Bruxelles. Mais aussi très lucide...*

Daniel Cohen est un réalisateur inconnu au bataillon… Comment avez-vous accueilli ce projet ?

En réalité, je connaissais Daniel avant ; je le rencontrais beaucoup dans les soirées ; il m'a d'ailleurs proposé il y a très longtemps un scénario que je devais tourner avec Vincent Cassel. Mais c'était un scénario absolument impossible à réaliser, d'abord à cause de nos agendas respectifs, ensuite parce qu'aucun producteur n'y croyait : c'était tellement timbré ! J'adore l'univers de Daniel Cohen ; nous avons tourné ensemble dans *Atomik Circus* – car il est acteur, au départ – et là, nous avons beaucoup ri et encore plus sympathisé. Un jour, il m'a dit : « J'ai un projet, j'ai envie d'écrire l'histoire d'un mec qui, dans un monde, est un modeste artisan, restaurateur de tableaux, et dans un autre monde est un sauveur qu'on attend comme un dieu vivant. » Je lui ai tout de suite répondu : « Écoute, si tu l'écris, je suis ton homme ! » Et il l'a fait ; il a ensuite attendu un an parce que je devais tourner « Astérix ». Et comme Daniel me fait beaucoup rire et qu'il a un humour qui me plaît, je me suis dit : « Ce sera sans doute à la hauteur. » J'ai pensé que je retrouverais dans son scénario son humour original. De plus, c'est quelqu'un qui a beaucoup de poésie ; il a fait les Beaux-Arts, il a beaucoup préparé son film. Et le fait qu'il ait attendu un an lui a permis de faire un très grand story-board. Il sortait d'un premier film intitulé *Une vie de prince* que personne n'a vu, mais que j'avais beaucoup aimé. Il y tenait le rôle principal, il l'a tourné en quatre semaines alors qu'il n'avait jamais fait de cinéma de sa vie… Alors oui, c'était casse-gueule, mais nous étions très amis, son scénario m'avait fait beaucoup rire, j'ai dit : « On y va ! » Mais je dois avouer que le premier jour de tournage, j'ai eu des doutes… Car, enfin, tourner une scène avec un type qui arrive avec une cafetière devant des types à moitié à poil en train de bouffer un bœuf, et qui veulent le dévorer, ça passe ou ça casse !

C'est le prototype de film qui s'élabore au story-board et se construit définitivement au montage… Mais pendant le tournage, on peut être complètement perdu !

Exactement ! En fait, Hugues, ce qui était difficile, c'est que j'étais le roi d'un monde, du « deuxième monde », et toute cette partie a été tournée en Afrique du Sud, choisie pour ses décors dépaysants. Je tournais avec des acteurs qui allaient être mes partenaires « exotiques »… J'ai tourné avec tous ces gens pendant un mois et demi, et, à notre retour à Paris, je me suis retrouvé avec les partenaires de l'autre monde, de la vie quotidienne parisienne : mes enfants, ma femme, ma future maîtresse, mes camarades… C'était comme si je tournais deux films différents ! Et comme, sur le plan chronologique, on tournait à l'envers, il fallait que je garde en tête pendant le tournage en Afrique du Sud l'idée que j'étais, dans le premier monde à Paris, un type assez modeste. Mais la gageure était surtout pour Daniel : ce qu'on tournait en Afrique du Sud était très impressionnant, de par la magnificence des paysages ; il y avait beaucoup de scènes d'action, de bataille et de drôlerie dans ces séquences. Je me suis demandé comment il allait faire ensuite pour filmer les scènes à Paris en conservant la même énergie. En boutade, je définis le film comme « le cinéma de Claude Sautet qui rencontre *Le Seigneur des Anneaux* » ! Le défi était bien plus pour Daniel que pour moi, en fin de compte.

Mais c'est vous le fil conducteur entre les deux tournages et, sur le plan « bankable », vous êtes aussi très seul au générique : il n'y a pas d'autre star face à vous...

Oui, je suis très seul. C'est aussi la raison pour laquelle je suis seul face à vous dans cette tournée d'interviews !

Est-ce que ça, ce n'était pas très lourd ?

Ça devient lourd pour moi maintenant, je dois bien l'avouer, parce que, comme pour *Cowboy*, on ne demande que moi en interview, je suis seul à assurer la promo. C'est difficile également de prendre conscience d'une certaine lâcheté, d'une certaine paresse de la part de la production française. Les producteurs n'ont plus vraiment le courage de se mouiller ; ils n'ont pas beaucoup de motivations face à certains scénarios. Alors ils se disent : « On va le proposer à l'acteur "bankable", si l'acteur dit oui, on le monte, s'il dit non, on ne le monte pas. » Vous devenez ainsi le responsable du film, face au manque de conviction d'un producteur. Ça devient lassant à la fin de devoir expliquer aux producteurs que ce n'est pas à moi de leur dire si le scénario est bon ou mauvais. Je rêve presque de ne pas être « bankable » de manière à pouvoir leur dire : « Cela me fait très plaisir que vous m'ayez choisi ! » Car, parfois, je leur demande : « Mais pourquoi moi ? », et

ils me répondent : « Ben parce que tu es "bankable" ! »
Attention, ils ne le disent pas à voix haute comme ça, mais
je sais bien que c'est ce qu'ils pensent parce qu'ils sont
incapables de m'expliquer pourquoi ils me veulent...
Alors, dans ces conditions, je ne le fais pas. Tandis que
Daniel, lui, il a été juste, il ne m'a pas attendu un an pour
des raisons mercantiles, il m'a dit : « Je ne vois pas d'autre
acteur qui peut à la fois jouer les émotions, les bagarres,
le rire, la lâcheté et le courage »... Il m'a fait un très beau
compliment. Et quand quelqu'un t'attend un an, c'est
une vraie preuve de désir, quand même !

**Avant *Les Deux Mondes*, vous avez tourné
« Astérix », une énorme production où là, vous êtes
face à de nombreuses vedettes... Quelle situation est
la plus confortable ?**

Quand il y a trop de monde, c'est très inconfortable !
Dans tous ces films que j'ai tournés en rafale, c'est
Cowboy qui a ma préférence. *Cowboy* est filmé chez
nous, en Belgique, et revient à l'essence du cinéma.
Parce que le cinéma, ça se résume quand même à deux
types devant une caméra, hein ! Ou un seul ! Ce qui
est malheureux dans les très grosses productions, dans
les machines de guerre comme « Astérix », c'est que,
parfois, on avait cinq écrans vidéo de contrôle, on ne
savait pas lequel regarder, on devait respecter tous les
effets spéciaux, on devait vivre avec les ego des autres
acteurs, on avait douze assistants... Dans une énorme
production comme celle-là, on ne sait plus à qui s'adresser, il y a des milliers de gens qui travaillent sur ce projet. Par exemple, en Espagne, pendant qu'on tournait,

d'autres montaient les décors pour les prises suivantes et les monteurs assemblaient déjà les scènes pendant le tournage pour qu'à la fin, ça se résume quand même à une caméra et un gars qui fait une blague devant, hein ! Tout ce poids est fatigant à porter pour l'acteur, parce qu'il doit s'adresser à vingt personnes avant d'avoir une réponse à une question ! Alors que quand je tourne dans un film intimiste comme nous en faisons en Belgique, j'ai un intermédiaire direct à qui je demande si je peux faire tel ou tel mouvement, et j'ai une réponse ! Dans le film *Les Deux Mondes,* nous étions pile entre les deux échelles de tournage ; il fallait quand même une grosse machinerie parce qu'il y avait des figurants et des scènes de bataille, mais en même temps, Daniel tenait beaucoup à garder une bonne ambiance. Ce qui est drôle dans son film, c'est le rythme ! Il l'a d'ailleurs remonté tout seul… Et pour être certain d'avoir le bon rythme, je demandais à Daniel de me faire rejouer encore et encore jusqu'à ce que j'acquière sa façon de parler, son débit. Car c'est un film très personnel, et je crois qu'au fond de lui, Daniel aurait rêvé de jouer lui-même le personnage principal. Mais c'est un rêve impossible : les producteurs veulent bien le suivre, à condition qu'il y ait un acteur connu au générique.

L'idée de « l'homme-messie », c'est un peu *La Vie de Brian,* finalement…

Oui, ou *L'homme qui voulut être roi* de John Huston !

Il y a un soupçon d'humour anglo-saxon, mais le film vise clairement un large public familial. Et pourtant, il

y a une scène où votre personnage fait venir six filles dans sa chambre...

Oui, nous avons gardé cette scène. Nous avons hésité parce que nous voulions aussi toucher les enfants avec ce film. O.K., il fait venir six filles dans sa chambre – et je crois que les enfants ne sont pas dupes – et en même temps, qu'est-ce qu'il fait ? Une thérapie de groupe avec les six filles ! Il leur explique qu'il aime sa femme... C'est presque moralisateur, en fin de compte. Nous avons vraiment fait attention... Par contre, on n'a pas lésiné sur les gros mots. Moi, je sortais d'« Astérix » où le mot « con » était interdit ! Pour vous dire la vérité, j'ai réellement terminé le tournage d'« Astérix » le 17 octobre, il y a quelques jours à peine. Vous savez pourquoi ? Parce qu'on m'a fait reprendre sur un tout petit combo une phrase où je disais, en prenant une louche de breuvage : « C'est très con, un druide ! » Impossible d'accepter ça ! Alors on m'a fait revenir, l'ingénieur du son est venu tout seul avec le réalisateur... C'est le plus gros film du cinéma français, et j'étais face à un écran minuscule sur un PC, avec le technicien dans une chambre d'hôtel, à dire : « C'est *crétin*, un druide ! » Vous imaginez la scène ! Tandis que, sur le film de Daniel, on ne s'est jamais gênés, il me disait : « Vas-y, dis tout ce que tu veux ! »

Quand, comme ici, vous êtes le pivot du film, est-ce que ça vous donne envie d'explorer de nouvelles pistes de jeu, à votre guise ?

Non, ce que j'adore, c'est d'abord jouer avec les autres, moi ! Quand Serge Larivière est arrivé sur le tournage, j'étais super content ! De plus, quand quelqu'un qui joue bien et qui est généreux – les deux doivent aller de pair pour moi – vous donne la réplique, il vous rend meilleur, c'est indéniable. C'est comme au tennis : si vous jouez contre un piètre adversaire, vous n'allez pas très bien jouer ; si vous jouez contre une bombe, vous allez réussir des trucs que vous n'auriez sans doute jamais faits ! J'adore jouer avec les autres, j'ai besoin du regard de l'autre et de sa générosité pour mieux jouer. Ici, dans *Les Deux Mondes*, le problème était clair : j'avais de nombreux partenaires qui venaient tourner un jour, deux jours, et puis qui changeaient. Alors que, moi, sur ce tournage qui a duré près de trois mois et demi, je n'ai eu que deux jours sans tourner ! Je suis de tous les plans. Vous finissez par douter de vous-même, vous vous dites : « Est-ce que les gens vont supporter ma gueule pendant une heure et demie ? » C'est parfois plus facile de s'éclipser un peu. Et, pour couronner le tout, je n'avais pas de vacances : tandis que mes partenaires qui tournaient moins pouvaient un peu profiter de l'endroit et découvrir l'Afrique du Sud, moi, j'étais tous les jours au front !

On a l'impression que, depuis le succès de *Podium* en France, on vous propose des productions où vous pouvez tenir le film à vous tout seul…

Oui, mais j'en ai un peu assez ! J'appelle ça des films « à coup » ! Là, je viens d'accepter deux films. L'un est une chronique de village dans lequel j'ai un rôle important, et ce qui m'a convaincu de le faire, c'est que les personnages annexes sont super drôles. Il n'y a rien qui m'énerve plus que les films où personne n'a de vrai dialogue à défendre sauf le personnage principal qui parle tout le temps ! J'ai donc accepté cette comédie. L'autre est un duo avec Gérard Depardieu.

Vous dites toujours ce que vous pensez avec beaucoup de franchise. Est-ce que c'est ce discours sans langue de bois qui vous attire parfois des ennuis, comme avec Yann Moix par exemple sur *Cinéman* ?

Oui, tout à fait ! Là, je suis tenu contractuellement à un devoir de réserve ; je ne peux donc pas donner les vraies raisons pour lesquelles je n'ai pas fait *Cinéman*… Mais, au-delà de ce cas précis, je n'hésite pas à dire qu'il y a une paresse dans le cinéma français aujourd'hui ! J'ai envie de dire à beaucoup de producteurs : « Mais, enfin, faites un effort, ce n'est quand même pas compliqué ! Il y a tellement de gens qui ont des choses à dire ! » Les autres, qui pullulent et qui n'ont rien à dire, ce sont des faiseurs. Et il n'y a rien de pire que de se retrouver en face de quelqu'un qui vous dit : « Voilà, t'arrives dans la scène, essaye de rendre ça marrant, quoi ! » Ras-le-bol ! Je dénonce aussi certains scénaristes qui deviennent terriblement paresseux. Que font-ils ? Ils séduisent les producteurs qui traitent avec les chaînes de télé. Car qui sont les plus gros lecteurs de scénarios ? Ce sont les télévisions. Et, pour flatter l'homme de télévision qui va choisir leurs films, qui décidera de les mettre en *prime time* ou pas, ils font des scénarios que le type de la télé comprend tout de suite, dans lesquels on ne fait quasi pas référence au cinéma et qui ne sont plus que des mots qui s'alignent… Alors le gars de la télé s'exclame : « Ah ça, j'ai compris ! Ah ça, c'est drôle ! » Ces scénaristes flattent le lecteur. Or le cinéma, c'est une mise en scène, des images, du son. Si, dans un scénario, on commence à trop détailler les mouvements de caméra, les lecteurs sont largués, ils disent « Ouh là là ! Mais où est le truc drôle là-dedans ? » Pour un acteur, c'est fatigant de constater que les scénaristes ne font plus d'effort. En lisant les scénarios, il découvre des scènes où il sait pertinemment que le réalisateur va s'emmerder parce qu'il n'y a rien d'intéressant à tourner et, en tant qu'acteur, il sait que ce sera quasi impossible à jouer parce que les répliques sont pourries ! Ce sont des gags à deux balles, mais le mec de la télé, qui est un peu cynique, s'est dit que ce serait marrant…

Les coïncidences du calendrier des sorties font que vous enchaînez les promos pour plusieurs films… Avez-vous peur de susciter plus la lassitude que le désir chez le spectateur, au bout du compte ?

Peur ? Non, je n'ai plus peur dans ce métier. J'ai eu longtemps peur de ces choses-là, mais plus maintenant. Et puis, plus personne n'est dupe ; tout le monde sait que je ne vais jamais dire à la télévision : « Mon film est une merde, vous ne pouvez pas savoir ! J'ai fait un étron ! Même moi je suis surpris ! » Vous devez juste donner envie aux spectateurs… Cela dit, on a toujours l'impression qu'ils vont tout voir, mais non ! Ils ne regardent pas tout… Sauf peut-être le type coincé sur son lit d'hôpital avec pour seule compagne sa télécommande, mais, hélas, ce n'est pas lui qui se déplacera pour aller voir le film !

ASTÉRIX AUX JEUX OLYMPIQUES 2008

Le
film « bling-bling »

L'année 2008 commence avec la sortie en janvier du « méga-bud-get-dont-tout-le-monde-parle » : Astérix aux jeux Olympiques de Thomas Langmann et Frédéric Forestier. Plus que le film lui-même, c'est son « making of » qui restera dans les annales du cinéma français, et qui mériterait un livre à lui tout seul ! Le film a accumulé les problèmes. D'abord, un tournage pharaonique sous une chaleur accablante à Alicante, une ville dont la capacité hôtelière est insuffisante pour loger l'équipe pléthorique rassemblée par le fils de Claude Berri. Ensuite, des luttes d'ego entre Alain Delon – qui incarne Jules César – et des membres éminents de la production… Sans compter les excès de boisson de l'un ou de l'autre, les plans de travail intenables et l'invitation inutile et coûteuse de stars du sport (Zidane, Schumacher) pour tourner une scène sans intérêt. Bref, le cauchemar !

La campagne promotionnelle est aussi « bling-bling » que le film : la presse internationale est invitée dans un grand hôtel des Champs-Élysées, celui-là même où Nicolas Sarkozy a fêté son élection. Plusieurs suites sont transformées en miniplateau de télévision avec, en guise de décor, des figurants déguisés en légionnaires romains… C'est dans cet environnement kitsch à souhait que Clovis Cornillac (qui joue Astérix), le comique québécois Stéphane Rousseau et d'autres membres de l'équipe accordent des interviews à la chaîne. Dans ce système à l'américaine, digne d'une production de Tom Cruise, Benoît Poelvoorde arrive avec son chien, décontracté et heureux de parler à des vieilles connaissances comme votre serviteur…

Vous aviez dit « non » à Claude Berri pour le premier « Astérix », qu'est-ce qui vous a décidé à dire « oui » à son fils Thomas Langmann pour ce troisième « Astérix » ?

L'argent !! Non, je rigole, ce n'est pas vrai… C'est parce que le rôle me plaisait énormément : on me proposait un vrai, vrai méchant, comme je voulais le voir dans les films pour enfants, c'est-à-dire méchant, mais bête. Alors que, dans le premier Astérix, je n'étais pas convaincu… En plus, pour le premier, j'étais impliqué dans *Les convoyeurs attendent*, et je n'avais vraiment pas envie de faire ce genre de film-là. Tandis qu'ici, il est venu me le demander pile au bon moment ; j'avais juste envie de jouer ça : un truc bien con, où j'allais bien m'amuser, bien me dépenser… Et le rôle était vraiment taillé sur mesure ; c'était comme un short, quoi !

Alain Delon est une star très solitaire ; il a une « doublure lumière », il ne vient qu'au dernier moment sur le plateau et ne tourne que deux ou trois prises. Comment s'adapte-t-on à une telle méthode de travail ?

C'est difficile au début ! À ce propos, j'ai une anecdote très drôle : Delon n'acceptait pas que sa doublure soit de nationalité allemande. Il était vraiment fâché. Or c'était cet Allemand qui lui ressemblait le plus de dos… Mais bon, il faut s'adapter, quoi ! Ce sont des stars, donc, tu t'adaptes. Ce n'est pas toujours facile, attention, mais je me suis dit : « C'est comme ça ! » et puis voilà. Mais, parfois, je faisais un contre-champ quatre jours après le tournage avec Delon. Pour être clair, là, Hugues, nous sommes en train de nous parler, une caméra me filme, et c'est comme si tu revenais dans quatre jours pour qu'une deuxième caméra te filme toi en train de reposer tes questions. Parfois, je tournais le contrechamp d'une scène quatre jours plus tard, parce que la lumière ne convenait pas, parce qu'Alain ne voulait plus la faire…

Ou n'était plus là…

Ou n'était pas là ! C'était trrrès compliqué… Mais il faut vivre avec les caprices des stars ! Il faut s'y plier, c'est tout.

Justement, vous l'évoquez bien, c'est une comédie, mais tournée avec de très gros moyens : il y a énormément de mises en place, c'est très lourd… Comment est-ce qu'on arrive à garder une force comique dans ce contexte ?

Eh bien, c'est le plus dur ! Ce qui est très lourd, c'est de se retrouver avec une armada de machins derrière soi… C'était la première fois que des Français tournaient en numérique ; le chef opérateur ne maîtrisait pas encore très bien ce nouveau support, les techniciens non plus ; on avait des combos partout, il y avait je ne sais combien de figurants… Pour transmettre une info, cela prenait des heures et des heures, mais, finalement, le cinéma, ce n'est quand même que deux pékins qui se parlent, hein ? J'ai d'ailleurs très vite été parler au réalisateur pour mettre les choses au point : « O.K., dans tous tes plans larges où tu es certain qu'il faut six mille figurants, où il faut respecter les effets spéciaux – comme dans les courses de chars où il faut que les chevaux arrivent pile-poil dans le cadre –, je veux bien me plier à tes directives, mais, dès le moment où ce sera une scène de pure comédie avec deux mecs qui parlent, ça reste du cinéma basique : tu as besoin d'un acteur et de son partenaire, et là, je fais ce que je veux ! » Et j'ai fait ce que je voulais.

Dans « Astérix », certains personnages ont été définis graphiquement par Uderzo, mais Brutus, lui, ne fait qu'une vague apparition dans un album...

C'est vrai, il y a même des journalistes qui ne l'ont pas remarqué... Dans la BD, il est petit et rondouillard !

Vous n'aviez donc pas les bases de la BD pour créer votre personnage...

Non, mais, de toute façon, je ne l'aurais pas relue, même si le personnage avait été plus présent. Je n'ai pas besoin de ça ; pour moi, le personnage était clair dans le scénario : je devais juste me raser les jambes et avoir une tête de con, ce n'était pas compliqué ! Je vous assure : ce n'était pas un personnage difficile à interpréter, car Brutus est basique et il n'a qu'un idéal. Ce qui, par contre, était super long, c'était la mise en place... On attendait des heures, des heures, des heures ! Parfois, nous étions prêts dès 7 heures du matin et nous ne commencions à tourner qu'à 4 h 30 de l'après-midi ! Il faut imaginer aussi que, pour la première fois, on avait une course de chars avec quatre chevaux par char, ça ne s'était plus vu depuis *Ben-Hur*, ce n'est pas un truc facile à mettre en place ! Les chevaux, ça ne se dirige pas comme les hommes...

Et quand vous devez subir un tel délai, comment tenir le cap ?

Ah ça ! c'était le plus dur ! J'avais énormément de mal avec la solitude là-bas... Je n'aime pas voyager, j'aime bien être en Belgique... Heureusement, Bouli Lanners était là aussi avec moi, et, pour nous donner du courage, parce que nous étions littéralement dé-mo-ra-li-sés, nous regardions une émission de la RTBF qui parle de la bouffe et des restaurants...

Un truc de Guy Lemaire ? Télétourisme ?

Voilà !! *Télétourisme* !

Ah oui... Là, tu étais vraiment mal...

Ah, j'allais très mal ! Bouli et moi, nous regardions ça et nous étions en larmes, tellement nous étions émus de revoir notre pays et de revoir la pluie ! Quand j'ai eu le droit de retourner une fois chez moi, j'ai filmé la pluie ! Pour avoir un souvenir, car il ne pleuvait jamais là-bas... Il faisait une chaleur de gueux, c'était épouvantable ! Et le plus dur, c'était la solitude, quand même.

Vous me dites que vous ne les auriez pas relus, mais qu'est-ce qui vous a séduit initialement dans les albums d'*Astérix* ?

Astérix me ramène vraiment à l'enfance... La bande dessinée en général est un monde chaleureux, je retrouve dans les dessins une sorte de cocon. Je ne sais pas si vous

vous souvenez d'un type qui s'appelle Hislaire, il dessinait *Bidouille et Violette.* Eh bien, quand Hislaire dessine Bruxelles, c'est formidable – alors qu'il ne précise pas vraiment que c'est Bruxelles. Son dessin est généreux et chaleureux. Et, dans le dessin d'Uderzo, c'est la même chose : j'ai toujours ressenti ce petit monde... D'ailleurs, quand j'étais petit, j'étais toujours persuadé que ce peuple d'irréductibles, c'était nous, les Belges ! Puisqu'on nous apprenait que les Gaulois, c'était nous. Et même encore maintenant, quand je me reprends à lire des bandes dessinées, je ressens cette chaleur... Ce que j'adore chez Uderzo, c'est qu'il a une faculté pour dessiner les expressions des visages que je trouve géniale ! Et donc, je n'ai qu'à rejouer ce qui me revient en mémoire ! Je n'ai pas besoin d'en faire des caisses... Et pourtant, c'est le danger sur un film comme celui-ci, parce qu'on n'est pas vraiment dirigés. Le réalisateur a tellement de trucs à gérer que, te diriger vraiment, il ne peut pas le faire !

Est-ce que vous vous êtes rapidement rendu compte que ça devenait *Les Aventures de Brutus et César* ?

Je n'ai pas vu le film ! On me le dit, mais...

Astérix fait vraiment de la figuration... Ça, c'était déjà palpable au tournage ?

Ah non, pas du tout, ce n'était pas palpable... C'est pour ça que je ne prends pas la promo à bras-le-corps. Mais cette remarque, cela fait quatre fois qu'on me la fait... Donc, ça veut dire que, si le film prend un bide, ça va être pour ma gueule ? C'est ça ?

C'est la mauvaise et la bonne nouvelle que j'ai à vous annoncer aujourd'hui : vous portez le film...

Allons bon, ça va encore être de ma faute ! Mais enfin, c'est *Astérix et Obélix*, ce n'est pas moi ! Putain, ça me fout les boules...

Clovis m'a expliqué que le film, au départ, faisait trois heures...

Oui, trois heures quinze !

Et la production a viré au montage plein de scènes avec Astérix. Ceci explique cela...

Eh bien, me voilà prévenu ! Merci, Hugues !

des

RANDONNEURS À SAINT-TROPEZ

2008

à

L'AUTRE DUMAS

2009

La
mauvaise passe

Après avoir été présent dans tous les médias depuis le début de la saison pour défendre successivement Cowboy, Les Deux Mondes *et « Astérix », Benoît Poelvoorde se fait nettement plus discret dans les mois qui suivent. Il se retire du jeu de la promo pour plusieurs films, conscient sans doute de leur faiblesse.*

En avril 2008 sort le film Les Randonneurs à Saint-Tropez. *Un titre digne d'un navet de Max Pécas pour un scénario qui ressemble à une mauvaise blague. D'autant plus que, onze ans auparavant, le réalisateur Philippe Harel me confiait : « Je ne ferai pas* Les Randonneurs 2, *ça, c'est sûr. Parce qu'il ne faut pas essayer de retrouver un plaisir qu'on a connu… On sera toujours en quête de la magie de la première fois. Ce n'est pas mon truc, je préfère écrire autre chose. Je ne dis pas que je ne retravaillerai pas avec les mêmes comédiens, mais je ne réunirai plus jamais ces cinq comédiens dans un même film. » Harel aurait dû tenir sa promesse : même s'il a réussi à réunir tous les comédiens du premier volet, cette suite des* Randonneurs *est non seulement inutile, elle est également pathétique : aucune scène n'arrache le moindre sourire, et Karin Viard, Géraldine*

Pailhas, Vincent Elbaz et Benoît Poelvoorde ont l'air presque embarrassé de se retrouver dans cette pénible aventure...

Le 20 mai 2008, Benoît perd un grand ami : le chanteur belge Jeff Bodart meurt des suites d'un accident cérébral à l'âge de 45 ans. Jeff était un généreux compagnon de joyeuses virées nocturnes ; Benoît se sent bien seul...

La Guerre des miss, 25e long-métrage de Patrice Leconte qui sort en janvier 2009, ne vaut hélas guère mieux que Les Randonneurs à Saint-Tropez. La rencontre entre le réalisateur du Mari de la coiffeuse et l'acteur de Cowboy aurait pu sans doute faire des étincelles ; elle n'aura pas plus d'effets qu'un pétard mouillé. Leconte, qui préparait initialement un projet qui lui tenait à cœur, mais qui est tombé à l'eau (l'adaptation de Houppeland, bande dessinée de Tronchet), accepte une commande : mettre en scène La Guerre des miss avec, pour motivation principale, la perspective de travailler avec Benoît : « J'ai adoré travailler avec cet acteur inouï », avoue-t-il dans son livre intitulé J'arrête le cinéma. « Pendant trois mois, nous avons eu droit au one-man-show étourdissant d'un type qui fait semblant de ne pas travailler. »

Poelvoorde paie de sa personne, mais ne parvient pas à donner de la grâce à un scénario qui accumule les clichés. Il incarne un imposteur qui se fait passer pour le coach providentiel capable de mener des jeunes filles inexpérimentées à la victoire d'un concours de miss dans un petit village de Franche-Comté.

L'accueil critique du film sera désastreux et les résultats au box-office insignifiants : La Guerre des miss reste comme un des échecs les plus cuisants de toute la carrière de Patrice Leconte.

Benoît tourne Les Randonneurs 2 *par amitié pour Philippe Harel,* La Guerre des miss *pour le plaisir de tourner avec Leconte… Et* L'Autre Dumas *pour retrouver Gérard Depardieu qu'il vénère et avec qui il a eu un excellent contact lors du tournage d'«Astérix».* L'Autre Dumas *est l'adaptation d'une pièce de théâtre,* Signé Dumas, *signée Cyril Gély et Éric Rouquette et créée à Paris en 2003. La pièce explore les rapports complexes entre Alexandre Dumas et son nègre littéraire, Auguste Maquet. Ce dernier, lassé de vivre dans l'ombre du gargantuesque écrivain, veut s'émanciper de son maître. À la fois pour des raisons budgétaires et pour faire oublier les origines théâtrales du scénario, le réalisateur Safy Nebbou filme ce « huis clos » majoritairement en extérieur. Le résultat, loin d'être déshonorant, n'est pas non plus passionnant : le film apparaît comme une version « aérée » de la pièce de théâtre, ni plus ni moins.*

Si Benoît Poelvoorde apparaît peu pour défendre ces films qui sortent, avouons-le, dans l'indifférence à peu près générale, c'est parce qu'il est lui-même lassé du cinéma. Il répète alors à qui veut l'entendre « J'arrête le cinéma », et certains médias peu scrupuleux en profitent pour recueillir les « confidences » de cet artiste sensible qui traverse une période de dépression.
Seule véritable éclaircie dans cette période sombre : le soutien d'Anne Fontaine. En véritable amie de Benoît, elle vient le chercher pour lui proposer, une nouvelle fois, un contre-emploi : le rôle d'Étienne Balsan, aristocrate haut en couleur qui devient le mécène de la toute jeune Coco Chanel, interprétée par Audrey Tautou dans cette fresque ambitieuse, intitulée Coco avant Chanel. *Est-ce parce qu'il a confiance en Anne Fontaine ? Toujours est-il que, sous sa direction, Poelvoorde semble oublier ses idées noires et parvient à surprendre dans le*

rôle de Balsan. Les professionnels du cinéma ne s'y trompent d'ailleurs pas : Poelvoorde décroche sa troisième nomination pour un César, cette fois dans la catégorie « Meilleur second rôle masculin ». Mais le 27 février 2010, une fois de plus, il repart bredouille : c'est Niels Arestrup qui décroche la précieuse statuette grâce au film Un prophète *de Jacques Audiard…*

LES
ÉMOTIFS
ANONYMES

2010

Le
plaisir retrouvé

Après cette période difficile, Benoît Poelvoorde revient sur le devant de la scène en bien meilleure forme. En cette fin d'année 2010, il s'apprête à assurer la promotion de deux films très différents : Les Émotifs anonymes *de Jean-Pierre Améris et* Rien à déclarer *de Dany Boon.*

Réalisateur sensible, auteur de drames comme Les Aveux de l'innocent *ou* C'est la vie, *Améris se lance, avec* Les Émotifs anonymes, *dans sa première comédie. Le film dépeint la rencontre, forcément ardue, entre deux émotifs chroniques, Angélique Delange, chocolatière talentueuse, mais incapable de se vendre, et Jean-René Van den Hugde, patron d'une chocolaterie artisanale au bord de la faillite...*

Les Émotifs anonymes, *c'est aussi l'occasion de retrouvailles entre Isabelle Carré et Benoît Poelvoorde, cinq ans après* Entre ses mains. *Mais si le climat du film d'Anne Fontaine était lourd et pesant, celui des « Émotifs », malgré le thème délicat du film, est léger et charmant... Et Isabelle et Benoît forment décidément un joli couple de cinéma !*

Le film vous offre l'occasion de retrouver Isabelle Carré. Est-ce tout d'abord l'idée de refaire avec elle un couple de cinéma qui vous tentait ?

Non, au demeurant, ce qui m'a plu dans ce scénario, je vous assure, c'est l'histoire. Et l'idée que cela puisse exister, des gens pareils ! Le film *Les Émotifs anonymes* traite des émotifs chroniques, c'est une pathologie en psychanalyse ; les personnes atteintes ont une émotivité qui les handicape, qui les fait souffrir, et je ne pensais pas que ça existait. Je savais bien qu'il existait des signes extérieurs d'émotivité difficiles à contrôler, mais je n'aurais jamais pensé qu'il puisse y avoir des groupes de rencontre qui s'appellent « les Émotifs anonymes » comme « les Alcooliques anonymes ». Et ce qui m'a vachement intéressé dans le scénario et qui en fait sa richesse, selon moi, c'est l'idée qu'on allait « rire » de quelque chose qui est tragique, à la base. Et le fait que ce soit Isabelle Carré qui interprète l'autre émotive face à moi, c'était important. Il me fallait une interlocutrice avec qui je pouvais bien m'entendre, car ce sont deux personnes qui, au départ, sont de véritables murs qui vont se rencontrer... À la lecture du scénario, ma première réaction fut de me dire : « Mon Dieu, c'est tragique, quand même ! »

Quelle est la grande différence entre jouer la timidité et jouer l'hyperémotivité ?

C'est très différent. La timidité concerne tout le monde. On a tous une part de timidité comme on a tous une part de pudeur. L'émotivité chronique, elle, est une pathologie incontrôlable. Dans le film, on en rigole parce que c'est quand même une comédie, mais l'hyperémotivité se traduit chez Jean-René par des bouffées de chaleur et des incapacités à parler, et chez Angélique par des évanouissements… D'autres vont se mettre à crier ; il y a une multitude de signes différents. Ce qui est terrible dans l'émotivité pure, c'est quand ton corps ne suit pas ta tête ; tu es conscient, tu essayes, mais tu n'y arrives pas ! Et si le film en parle si bien – d'après moi –, c'est parce que le réalisateur Jean-Pierre Améris est lui-même un émotif chronique ! Il est allé aux « Émotifs anonymes », il parle de ce qu'il connaît, et sa vie se retrouve en partie dans son film, hormis qu'il n'a jamais vécu d'histoire avec une émotive. Beaucoup de gens se reconnaissent dans le film, et c'est pour ça qu'on rigole, parce qu'on a tous eu peur un jour de devoir parler devant trois personnes. Un émotif, lui, ne peut pas faire ce que je suis en train de faire ; il ne pourra jamais être interviewé, il va paniquer… Ce sont ces moments de panique qui rendent le film drôle, tout simplement parce qu'il décrit le quotidien d'une personne hyperémotive. Il ne se passe rien de spécial, mais, pour les émotifs, tout devient un combat à mener ! Aller dîner au restaurant avec quelqu'un tient de l'exploit ! Donc, pour moi, l'hyperémotivité est très différente de la timidité. La timidité, sauf si elle est extrême, c'est comme un habit que nous sommes obligés de porter, c'est quelque chose qui nous protège. Tandis que l'émotivité peut nous détruire, nous porter préjudice.

Vous êtes extraverti de nature, comment aller contre sa nature pour jouer un personnage aussi retenu ?

Haaa… Mais je n'avais qu'à regarder Jean-Pierre, le réalisateur ! Il mesure deux mètres, il est encore plus grand que vous,

Hugues, et il est ultra-émotif ! Tous ses signes d'émotivité, je les percevais, je les captais, et comme il est très grand, il attire l'attention où qu'il soit. Pour moi, c'était assez simple à faire. Comme, en plus, je ne joue pas dans les scènes des réunions des Émotifs anonymes, je n'ai pas dû rencontrer des participants, contrairement à Isabelle, et je pouvais me concentrer sur un seul « modèle » : je n'avais qu'à observer Jean-Pierre au quotidien. Après, je suis allé chercher en moi certaines émotions : on a tous éprouvé des moments de panique… D'ailleurs, le monteur du film, Philippe Bourgueil, adore le film. Il m'a avoué : « Je me suis reconnu ! » car il est incapable de prendre la parole à une table. C'est quelque chose, de *prendre* la parole. Donc, Philippe se retrouve un peu dans mon personnage de Jean-René. Plein de gens se reconnaissent dans de tout petits indices. Et pour moi, c'est la même chose : j'ai été rechercher plein de petits trucs qui m'ont mis, un jour ou l'autre, mal à l'aise. Après, il suffit juste de jouer physiquement le malaise.

À la sortie d'*Entre ses mains*, vous m'aviez expliqué combien Isabelle Carré vous avait aidé à jouer le rôle face à elle. Isabelle a une formation classique ; vous êtes un comédien intuitif et, pourtant, vous formez un couple de cinéma qui fonctionne…

Oui, on s'entend super bien, c'est vrai !

Mais est-ce que vous jouez la même partition, alors que vos techniques sont très différentes ?

J'ai lu dans le dossier de presse qu'Isabelle avait dit que « ma palette s'était élargie ». Mais je ne crois pas que ce

soit ça. Quand j'ai joué *Entre ses mains,* c'était la première fois qu'on me faisait interpréter autre chose que
des personnages pas très en nuances qui gueulent. Et
là, j'ai vachement eu peur ; il fallait être normal, car,
plus j'étais normal, plus le mystère s'installait, en fait !
Anne Fontaine m'a fait jouer la NORMALITÉ, ce qui,
je l'avoue, m'apparaissait au départ comme ennuyeux et
sans intérêt. Et comme j'avais très peur, j'ai emmerdé tout
le monde sur le tournage et Isabelle m'a vraiment aidé.
C'est quelqu'un d'extrêmement patient, et qui n'est pas
torturé ; pour elle, les choses semblent toujours simples !
Elle est capable de tout relativiser. Entre le film d'Anne
et celui de Jean-Pierre, j'ai fait d'autres films, dont *Coco
avant Chanel* et les films de Benoît Mariage, et j'ai appris
pas mal de choses. La principale, c'est la désinvolture. Ce
n'est pas ma palette qui s'est élargie ; je pense plutôt que
ce qu'Isabelle a trouvé changé dans mon jeu, c'est que je
prends tout ça moins au sérieux qu'avant, voilà ! Je suis
plus désinvolte et la désinvolture donne une forme de
liberté qui emmerde moins les autres.

**La désinvolture, comme vous l'expliquez, c'est
positif... Mais de la désinvolture à la lassitude, la
frontière peut être très mince...**

Ça, c'est juste ! Mais il ne faut pas confondre la désinvolture et le détachement. Je pense que le fait d'avoir pris
conscience que je commençais à m'ennuyer a provoqué
la désinvolture. Ce n'est pas l'inverse. Quand vous commencez à prendre conscience que vous faites des choses
qui ne répondent pas totalement à vos principes, si vous
n'êtes plus d'accord avec vous-même, il y a un vrai pro-

blème. Et le fait d'être passé par cette sale période où j'enchaînais les films sans plaisir vous amène à relativiser les problèmes, à vous demander : « Que s'est-il passé ? Pourquoi es-tu comme ça ? Pourquoi as-tu ressenti cela ? » Et une fois que vous trouvez une partie de la réponse – parce que je crois qu'on ne trouve jamais toutes les réponses –, vous atteignez la désinvolture. Vous vous rendez compte qu'il faut être honnête avec soi-même et qu'il faut savoir se remettre en question. Quand vous faites trop de choses, que vous les mettez bout à bout sans réfléchir, vous ne vous remettez plus en question, et ça devient dangereux… Aujourd'hui, après avoir pris du recul, je sais que le cinéma est une partie de ma vie, mais *ce n'est pas ma vie*. Et je ne suis pas acteur de cinéma, je suis d'abord Benoît Poelvoorde, et *mon métier* est le cinéma. Maintenant que j'ai compris cela, je fais du cinéma avec désinvolture parce que ce n'est pas *toute* ma vie. J'ai d'autres centres d'intérêt. Mais, pour retrouver cet état d'esprit, il a fallu que je réalise que le cinéma était en train de me bouffer la tête !

Justement, vous dites rester fidèle à certains principes, à vous-même. Or, quand vous avez débuté dans ce métier, vous disiez volontiers « travailler avec telle chaîne commerciale ? Jamais ! » Et puis vous avez dû manger votre parole, car le système veut que, si on fait un film, on soit presque obligé de l'accompagner et de faire des trucs qu'on n'aime pas faire… Est-ce que c'est ça qui vous a aussi bouffé la tête ?

En partie, oui… Il y a des choses pour lesquelles vous ne changerez pas le système ! Il y a un leurre qui consiste à croire que vous êtes plus fort que le système. Or vous n'êtes pas plus fort que le système, celui-ci peut très bien se passer de vous. Le système est tellement bien installé qu'il ne faut pas aller contre. Il y a un âge où on croit qu'on va être plus malin que le système, mais c'est là qu'on fait fausse route. Je dis souvent à propos du métro : ça pue, mais ça ne t'empêche pas de le prendre pour aller là où tu veux aller. Et fonctionner avec le système, ça ne signifie pas que tu lui reconnais son droit d'être, mais c'est comme ça ! Ce n'est pas toi qui vas changer quoi que ce soit ! Si tu commences à dire : « Je veux bien faire telle émission, mais pas telle autre », les gens s'en fichent ! Le spectateur s'en fout de tes choix ; d'abord, il ne regarde pas tout, et il s'en fout parce qu'il n'a pas la même vision que toi, et toi, tu vas venir avec des exigences qui emmerdent tout le monde… Et qui vont porter préjudice à des gens qui ne t'ont rien demandé ! Après, tu peux quand même conserver tes propres limites : il y a des espaces où je n'irai pas pour des questions d'éthique personnelle, mais j'ai cédé sur beaucoup de trucs en me disant que ça n'en valait pas la peine. D'ailleurs, quand tu fais parfois preuve d'une certaine honnêteté intellectuelle, ça passe complètement à l'as ! On me dit : « On s'en fout complètement, de vos grands choix ! »

Est-ce que le cinéma, c'est le paradis et l'enfer en même temps ? Est-ce que le paradis, c'est de tourner une comédie avec Dany Boon, de s'amuser sur le tournage, de vivre une belle expérience humaine, et l'enfer, de devoir se taper un marathon promotionnel dantesque ?

Je vous aurais dit il y a deux ans : « Ce qui me terrorise, c'est le marathon promotionnel de deux mois ! » Plus maintenant. Parce qu'en fait, il faut le prendre différemment. J'ai eu de la chance : j'ai fait ce film, *Les Émotifs anonymes*, qui m'a réconcilié avec le cinéma. Jean-Pierre Améris connaît très bien le cinéma, il l'a enseigné, et il m'a montré à quel point on pouvait aimer le cinéma, être discret, ne pas la ramener et faire des films qui n'ont pas d'autre prétention que de divertir avec un sujet qui pourrait être tragique. Ça, pour moi, c'était déjà une grande leçon. Il m'a montré également que je pouvais tourner avec une actrice avec qui je n'avais pas tourné depuis trois ans sans que les relations aient changé. Il m'a montré qu'on pouvait tourner avec une équipe réduite et être très heureux, sans se poser de questions. Ensuite, j'ai joué dans *Rien à déclarer* de Dany Boon. C'est une énorme machine, j'aurais normalement dû être terrorisé, j'aurais pu y retrouver tout ce que j'appelle les « plis » des énormes machines comme « Astérix », comme *Le Boulet*, des espèces de machines de guerre où on se dit qu'il va y avoir tellement d'argent qu'on va subir une énorme pression… Et pas du tout ! J'ai eu du bol : Dany Boon, qui a sa personnalité, nous a permis de faire un film en trois mois et demi, dans lequel je n'ai jamais eu le sentiment d'être utilisé pour faire des crétineries ou de faire un film où le pognon est roi. Non, nous avons fait un vrai film comique, comme on a fait un film tendre et drôle avec « Les Émotifs »… Et ça, c'est du bol ! J'aurais pu très bien me vautrer ! Dany aurait pu s'avérer être un connard et Jean-Pierre un fieffé con ! Eh bien, non ! Ça, c'est ce que j'appelle « ma bonne étoile ». Ensuite, j'ai enchaîné avec Anne Fontaine et Isabelle Huppert dans *Mon pire cauchemar* : ce fut pour moi une bonne façon de remettre le pied à l'étrier, j'ai mouillé mon encolure, mais, même en prenant les plus grandes précautions, les plus grandes réserves, je n'aurais pas pu calculer ça. Et donc, en fin de compte, la promo ne me fait pas peur, parce que je suis très heureux de ce que j'ai fait ! Les promos effraient quand tu te dis : « Pff, je ne vois pas très bien ce que je pourrais raconter sur ce truc ; ce n'est pas que je ne l'aime pas, mais bon... » Ici, j'aborde la tournée avec sérénité, car je sais quoi répondre et parce que je suis bien avec moi-même. Alors j'essaie de ne pas emmerder les autres et de répondre aux questions qu'on me pose. Je sais que la machine de Dany va être lancée, j'ai vu mon planning, mais, avant ça, je voulais faire de la promo des « Émotifs » parce que j'aime énormément ce film, parce que je crois qu'il peut plaire à beaucoup de gens, qu'il est simple, qu'il est juste, et qu'il fait partie de ces films qui ont besoin d'être défendus. Et enfin, c'est un cinéma qui m'a redonné goût, en tant que spectateur, à un genre de cinéma que j'aimais beaucoup... Et ce ne sont pas forcément des trucs navrants !

RIEN À DÉCLARER

2010

Le
duel au sommet

Après le record historique des 20 millions d'entrées pour Bienvenue chez les Ch'tis *en 2008, inutile de préciser que la nouvelle comédie de Dany Boon est attendue comme le Messie.* Rien à déclarer *joue une nouvelle fois sur le contraste d'un duo. Mais, cette fois, exit Kad Merad, il est remplacé par Benoît Poelvoorde. Et pour cause, puisque l'argument principal du scénario se concentre sur la rivalité de deux douaniers — l'un est Français, l'autre est Belge — à la frontière entre les deux pays, avec, en ligne de mire, le 1er janvier 1993, date butoir où la politique européenne abolira les postes-frontières. Poelvoorde joue Ruben Vandevoorde, un douanier maladivement franco-phobe…*

Autant la promotion des « Émotifs anonymes » se déroulait dans une atmosphère calme et intimiste, autant l'arsenal de marketing développé autour de Rien à déclarer*, en janvier 2011, est gigantesque. La presse belge est conviée dans un célèbre palace à côté de la Grand-Place de Bruxelles. Y sont présents Benoît Poelvoorde et Dany Boon, mais aussi François Damiens et Bouli Lanners, qui tiennent d'importants seconds* rôles dans le film. Seuls quelques titres de la presse écrite et les chaînes de télévision francophones du pays ont droit à des interviews individuelles ; les autres médias, jugés moins « porteurs », doivent se contenter d'une brève conférence de presse de l'équipe du film. Dans ce contexte un peu fébrile, où les attachées de presse ont l'œil rivé sur leur planning et leur chronomètre, l'interview avec Benoît va évidemment à l'essentiel…

Est-ce que Dany Boon a tout de suite eu l'idée d'un face-à-face entre deux tempéraments comiques différents ? Comment entrez-vous dans la danse ?

Alors je sais qu'il voulait travailler avec moi ; il m'avait déjà offert un rôle dans un de ses premiers films, *La Maison du bonheur*, mais je n'étais pas libre. Ceci dit, je pense qu'il a d'abord eu l'idée de la douane et qu'après, il a pensé à moi pour le douanier raciste... Ensuite je l'ai rencontré ; nous avions le même agent – c'est très important car les agents favorisent les rencontres – c'est lui qui m'a dit « je pense que Dany aimerait écrire pour toi », c'était après « Les Ch'tis », j'ai dit « Merde ! Ça va tomber sur moi ; si jamais il se prend un bide, ce sera de ma faute », car, après *Bienvenue chez les Ch'tis*, le film sera forcément moins bien, et ce sera forcément de ma faute... Et puis je me suis dit : « Tant pis, on verra bien ! » Dany m'a envoyé le scénario ; j'ai été le voir jouer au théâtre, nous avons passé la soirée ensemble à boire des coups, et voilà... On s'est retrouvés sur le plateau.

Qu'est-ce qui vous attirait dans le scénario, derrière l'idée de base ?

Oh, c'était tout simplement un personnage impossible à refuser ! C'était du sur-mesure, Dany l'avait écrit pour moi ! Ruben Vandevoorde est vraiment LE con magistral ! Vous qui connaissez ce que je fais, vous savez bien que j'adore incarner les cons somptueux, celui-là était grandiose... Il clôture ma période « bleue con » ! Il y a les périodes bleues, les périodes cons, celui-là, c'est le *climax* ! Vous voyez tout de suite que Dany avait bien cerné le goût que je porte à l'extrémisme crétin… Donc, c'était impossible de refuser ce rôle. En même temps, il faudrait être con pour refuser un film de Dany Boon ! Sauf si c'est vraiment une bouse, mais, là, ce n'était pas le cas.

Est-ce que Dany et vous travaillez de la même manière ? Dans la mesure où vous pouvez avoir un jeu relativement speedé et que lui joue parfois sur un côté « mollasson » ?

Ah, il s'est donné un rôle ingrat, hein ! Je trouve que mon rôle est plus facile que celui de Dany. Pour lui, c'était même difficile, parce qu'il était en même temps derrière la caméra. Et, dans un duo, on retient plus facilement le personnage extrême, car il est plus stéréotypé, plus caricatural, tandis que le rôle de Dany est plus en nuances… Mais je crois que cela l'amusait bien ; il aimait cadrer très serré quand je montais vachement haut dans les tours ; cela lui permettait également de rajouter de la couleur à son personnage. Plus je monte, plus il peut faire le contrepoids en jouant dans la douceur… Comme dans tous les duos, en fait ! Très souvent, c'est pareil ! Et, à la fin – car j'ai fini par le voir, ce film –, je me suis dit : « Putain, il serre énormément ! » Il travaille vraiment à l'efficacité, pour produire des effets de comédie.

Est-ce qu'à la lecture du scénario, vous avez trouvé sa vision des Belges pertinente ?

Ce n'est pas « *les* Belges » ! Parlons simplement de mon personnage… Moi, des francophobes, je n'en connais pas des masses ! Néanmoins, ça peut exister, il y a des extrémistes partout. Ceci dit, j'ai trouvé son regard sur les Belges présents dans le film assez juste. Je ne crois pas qu'il ait forcé le trait. Mais, en ce qui concerne mon personnage, je n'en ai personnellement jamais rencontré des pareils. J'ai vu plus de racisme antibelge ! Mais c'est ça qui était marrant… C'est une comédie, ce n'est pas un film social… C'est délicat de répondre à votre question, on ne me l'avait encore jamais posée.

Les Monty Python, quand ils faisaient leurs sketches à la BBC, s'amusaient terriblement… Mais plus leurs films sont devenus des grosses productions, comme *The Meaning of Life*, moins ils se sont amusés, car cela devenait très difficile de jeter une scène au montage parce qu'elle avait coûté cher…

Eh bien ça, je peux vous dire que ce n'est pas le cas de Dany Boon ! En même temps, il a sans doute une latitude encore plus grande que celle des Monty Python. Je crois qu'il avait le double du budget des « Ch'tis », mais je pense que ce qui a coûté le plus cher, c'est le temps ! Le tournage a duré trois mois et demi alors que, dans un film traditionnel, on aurait pu le faire en deux mois et demi. Mais Dany privilégie le temps pour pouvoir bien découper ; il privilégie aussi les décors – il a voulu absolument tourner dans les décors qu'il voulait, il en a refait faire certains… En fait, il a privilégié des tas de choses qui, même si elles sont invisibles à l'écran pour le spectateur lambda, font la différence. Il avait une idée bien précise de ce qu'il voulait à l'image : il a recréé de la neige que nous n'avions pas au moment du tournage…

C'est le luxe qu'il s'est offert : du temps pour peaufiner le moindre détail. On savait que, parfois, on allait tourner une seule séquence par jour ! C'est parfois un peu emmerdant, d'ailleurs ! Et quand vous évoquez, Hugues, le pouvoir ou non de jeter des scènes, je peux vous assurer que le film ne se termine pas du tout comme ça dans le scénario ; il y avait toute une partie tournée en Bretagne, et il a tout coupé ! Je me souviens, à la postsynchronisation du film, il m'a dit « Voilà, ça, c'est la fin », je me suis écrié : « Ce n'est pas possible, la fin du film, c'est en Bretagne ! » Et il m'a répondu : « Non, on n'a pas mis la Bretagne. » « Pourquoi ? » « Parce que j'ai fait des projections-tests et qu'à partir des quinze dernières minutes, les spectateurs ne rigolent plus. Et si ça ne rigole plus, j'enlève ! » Donc, il a eu le panache de faire des coupes drastiques, au grand dam de Pathé qui a certainement protesté : « Vous rigolez ? On a amené toute l'équipe en Bretagne pendant trois jours ; ça a coûté une blinde, et rien à l'écran ? » Donc, ça, c'est du panache, quand même !

Justement, avoir du temps, ça permet de chercher des choses, d'expérimenter plusieurs prises... Mais, en même temps, c'est peut-être difficile de garder la vis comica, l'énergie pendant trois mois et demi, non ?

Ah, mais on avait du bol, hein ! C'était quand même une superéquipe : il y avait François Damiens, Bouli Lanners, Karin Viard, tous les amis de Dany... En plus, il est très ouvert, Dany, il nous a vraiment laissés faire ce qu'on voulait. Et quand j'entends « faire ce qu'on voulait », ce n'était pas seulement à l'image, haha... On tournait en Belgique, près de Chimay, et il y avait un vrai bar au milieu du décor ! Un vrai ! Il y avait un faux bar dans le *no man's land* qu'on voit dans le film, mais, en face, il y avait un vrai bar intégré dans le décor... Je n'ai jamais vu ça sur un plateau français – en Belgique, on peut boire des coups sur les plateaux... Du coup, nous n'avions pas le sentiment de tourner dans un gros film français où, généralement, on est là, assis sur des chaises à nos noms et où ne peut rien faire... Non, là, on pouvait vraiment faire ce qu'on voulait ; Dany n'était pas du tout derrière notre dos ! Il nous a laissés nous amuser comme des gosses turbulents et il a eu raison, parce que c'était quand même très long, il y avait beaucoup de mouvements de caméra, des déplacements très laborieux... Parfois, ce genre de mise en place rend le réalisateur nerveux et gueulard : « Vous allez arrêter de déconner sur mon film ! » Or, là, Dany est resté très cool et les équipes belges ont pu tourner à leur manière, sans pression. Et quand les acteurs s'amusent, ça se voit à l'écran ! Je crois que l'énergie dont vous parlez, elle vient de là !

Dans de nombreuses comédies que vous avez tournées, vous avez généralement ajouté votre grain de sel...

Ici, non ! Je n'ai pas eu besoin d'ajouter ou de changer quoi que ce soit.

Et ce n'est pas difficile de se glisser docilement dans l'univers d'un autre ?

Ah non, c'est le luxe ! Quand les types qui m'engagent ont bien bossé, je n'ai rien à faire ! J'ai juste à m'ame-

ner… Alors qu'il y a plein de films où, de fait, je disais
« Ça, non », « Ça, je vais le dire autrement… » Et certains réalisateurs me proposaient : « Ça, tu le referas un
peu à ta sauce, si tu as envie »… Avec Dany, non ! Par
contre, on a parfois découvert des choses en tournant,
au détour d'un décor… Alors on improvise… Mais ce
ne sont pas des rajouts ou des modifications du texte
avant tournage. Non, je le répète, c'était un rôle sur
mesure !

**Dans la presse française, on lit déjà « le nouveau
duo de Funès-Bourvil »… On sent qu'il y a déjà
une espèce de pression exercée par des médias très
grand public…**

Je viens de lire ce genre de trucs, et on ne sait pas trop
si c'est une forme de bienveillance ou non ; ils titrent :
«Voilà les nouveaux rois du rire ; ils veulent remplacer
de Funès et Bourvil »… Moi, je réponds : pas du tout !
Ce sont les journalistes qui font des amalgames et des
rapprochements, mais, nous, nous n'avons jamais eu
une telle ambition ! Je pense que Dany a inventé son
propre type de comédie. Quand vous regardez les films
de duo de Gérard Oury ou ceux de Francis Veber, ils
fonctionnent sur un système : le gentil et le méchant,
le crétin et le malin… Là où je rends hommage à Dany
et où je suis très content, c'est qu'il a osé, ici, un film
à cinq duos ! Au moment où le spectateur pourrait se
lasser de notre tandem, à Dany et moi, on passe à un
autre duo : Damiens et Viard, etc. Il a fait un film qui
n'est pas seulement porté par ses deux acteurs principaux, mais également par tous les rôles secondaires.

Il s'inscrit plus dans la tradition des films d'Audiard, où les seconds rôles avaient autant d'importance que les premiers, ou presque ! Et ni Dany ni moi n'avons l'ambition de remplacer qui que ce soit ou d'être les nouveaux Bourvil ou de Funès ! Je pense vraiment que Dany crée son univers de cinéma, qu'il affine de film en film.

**Vous me dites « Je n'avais pas envie d'être dans le film "post-Ch'tis", surtout s'il se vautre »...
Dans quel état d'esprit abordez-vous le marathon promotionnel pour Rien à déclarer ?**

Déjà, je l'ai vu ! Ce qui est assez rare dans mon cas ; je ne vois plus mes films depuis très longtemps... Dany a réussi à me convaincre de le voir dans un moment de faiblesse, donc, je sais ce qu'il y a dedans ! Deuxièmement, j'ose dire que ce n'est pas moi qui mouille mon short, ici : c'est Dany qu'on attend au tournant ! Moi, je ne suis qu'un partenaire... C'est assez reposant. J'avais beaucoup plus peur en faisant la promo des « Émotifs anonymes » parce que le film était moins soutenu, moins tracté par une machine bien huilée, et j'étais seul au front avec Isabelle Carré. Ici, Dany, c'est un phénomène qui est attendu... Et moi, désolé, mais je me cache un peu derrière Dany : je suis très heureux de ce que j'ai fait, je suis très heureux du film, personnellement, je le trouve mieux que *Bienvenue chez les Ch'tis*, mais, pour le faire exister, c'est plus son boulot que le mien ! C'est un peu lâche, ce que je raconte, mais c'est vrai : je ne me sens pas sous pression !

Rien à déclarer *va décevoir une frange des fans de Dany Boon : l'humour bonhomme des « Ch'tis » a cédé la place à un comique souvent caricatural, et Benoît Poelvoorde s'amuse à en faire des tonnes pour camper son personnage de douanier irascible et antifrançais… Le film ne parviendra pas à rééditer le score miraculeux du film précédent de Dany Boon, mais attirera tout de même huit millions de spectateurs dans les salles. Cela reste un score très enviable…*

MON PIRE
CAUCHEMAR

2011

Les retrouvailles avec Anne Fontaine

Namur, octobre 2011. L'histoire se répète : six ans après Entre ses mains, *Anne Fontaine et Benoît Poelvoorde sont de retour au Festival international du film francophone (FIFF) pour montrer, cette fois au gala de clôture, le résultat de leur troisième collaboration :* Mon pire cauchemar *avec un face-à-face Benoît Poelvoorde / Isabelle Huppert. Anne Fontaine adore filmer des duos et, quand elle aborde la comédie, elle filme volontiers l'attraction des contraires. Dans* La Fille de Monaco *en 2008, elle opposait un brillant avocat (Fabrice Luchini) à une bimbo (Louise Bourgoin). Elle reprend le même principe du choc de deux personnages issus de classes sociales opposées dans* Mon pire cauchemar. *D'un côté, Agathe, une grande bourgeoise, directrice d'une fondation d'art contemporain. De l'autre, Patrick, un prolétaire qui vit d'allocations et de petits boulots divers, qui aime le sexe et la bouteille... Tout comme leurs personnages, Isabelle Huppert et Benoît Poelvoorde viennent d'univers très différents. Comment a-t-il vécu cette rencontre ? Réponses dans les salons du FIFF...*

Vous me disiez « ne pas vouloir faire un film pour faire un film de plus, vouloir retrouver l'envie de cinéma »... Quel a été votre désir sur ce film-ci ?

Là, c'est particulier, parce que c'est Anne Fontaine qui me propose de retravailler avec elle. Donc c'est au-delà du cinéma : j'adore travailler avec Anne, et la question ne s'est pas posée de la même manière. J'ai une expression que j'utilise avec Anne, je lui dis : « Je veux bien tenir une bougie dans ton film ! » Ça ne me gênerait pas, tellement j'aime travailler avec elle. Un jour, elle m'a dit : « J'adorerais retravailler avec toi, est-ce que tu as une idée, une piste qui ferait qu'on pourrait retravailler ensemble ? » En mettant comme condition : « Avec Isabelle Huppert », la réponse, elle est là ; je me dis : « Je veux refaire un film avec Anne, et je vais pouvoir rencontrer Isabelle Huppert. »

Isabelle Huppert est quelqu'un qui se protège énormément...

Oui !

... et qui ne se livre pas facilement. Comment créer une relation de partenaires à l'écran pour pouvoir préparer ces scènes ?

Ah, au début, j'ai eu peur d'Isabelle parce qu'elle m'impressionnait, en tant qu'actrice. Ça fait peur, quand même, de se retrouver face à Isabelle Huppert ! En fait, j'ai trouvé son truc assez rapidement : elle ne vit que pour le jeu. La motivation principale d'Isabelle, c'est le plaisir de jouer. C'est une actrice qui, si tu ne l'arrêtes pas, va continuer de jouer indéfiniment. Si Anne ne dit pas « Cette prise est bonne », on pourrait en faire vingt, vingt-cinq, Isabelle ne pense jamais que c'est la bonne. Je ne l'ai jamais vue s'arrêter et dire : « Pour moi, c'est la bonne. » Elle a toujours un doute. Donc, en fait, notre point commun est le plaisir de jouer. En tant que personne, elle est parfois difficile d'accès, comme vous le dites très bien, elle se protège beaucoup, elle est beaucoup dans le contrôle, et ça reste quand même Isabelle Huppert qui est, à mes yeux, certainement une des plus grandes actrices que le cinéma nous ait jamais offertes… Mais une fois qu'elle est sur le plateau, une fois qu'elle joue, elle retrouve l'essentiel du cinéma, en tout cas, pour nous les acteurs, à savoir le plaisir d'interpréter. Ce plaisir, je l'éprouve aussi, ça nous donne un terrain d'entente. Après, c'est hors du plateau que les choses ont été plus difficiles pour moi. Je n'ai pas osé faire toutes les vannes pourries et grivoises, voire régressives, que je fais d'habitude entre les prises, pour me détendre quand j'ai le trac. Elle est impressionnante tout de même ! Et assez vite, Anne m'a fait comprendre : « Mais reste comme tu es ! » Et, en fait, Isabelle a été très rieuse, ce qui m'a permis de ne pas changer ma personnalité, et ainsi d'éviter de jouer crispé… Et puis, j'avais « le plaisir de jouer » incarné devant moi ! Il fallait juste que je ne sois pas spectateur – parce qu'elle joue tellement précis ! – pour ne pas oublier de jouer moi-même.

Vous connaissez très bien Anne ; avez-vous l'impression qu'elle vous a volé des choses pour créer le rôle de Patrick ?

Non ! Je ne crois pas à la théorie de voler des choses : on sait ce qu'on donne, on sait ce qu'on te prend. Je ne crois pas à l'idée que la caméra vole mon image… Ce qui est certain, c'est que, quand on a travaillé un peu ensemble la genèse du projet, Anne, me connaissant très bien, a utilisé beaucoup d'éléments de mon caractère pour le personnage de Patrick. Elle sait comment les mettre en avant et elle sait que ça va beaucoup me plaire… Elle s'est nourrie de certaines petites choses, mais elle ne me les vole pas : nous en discutions toujours avant. Le personnage de Patrick m'amusait, le jouer, c'était accomplir une sorte de boucle. Jusqu'à ma rencontre avec Anne, je n'avais tourné que des comédies, elle a été la première réalisatrice à me donner ce qu'on appelle un « contre-emploi », elle m'a proposé *Entre ses mains* où, pour la première fois de ma vie, je murmure au cinéma. Ensuite, j'ai tourné avec elle *Coco avant Chanel*, où j'incarne le personnage de Balzan, dont le côté extravagant et fêtard plaît beaucoup à Anne. Elle en profite pour me demander d'aller un peu plus loin dans un registre, où je ne serais jamais allé si ce n'était pas elle qui me l'avait demandé. Avec *Mon pire cauchemar*, elle me dit : « Tu vas pouvoir t'amuser, c'est un paysan comme tu les aimes, un bourrin qui arrive dans une famille bourgeoise. » C'est donc elle qui me propose aujourd'hui une vraie comédie alors que tout le monde maintenant veut me voir jouer dans des films dramatiques – genre auquel j'aspire davantage que la comédie. C'est drôle : je retourne donc à la comédie avec quelqu'un qui, au départ, m'en avait détourné !

Un des intérêts du film, c'est qu'il met en scène des personnages évolutifs ; leur relation change... Or on sait qu'au cinéma, on tourne très rarement dans la chronologie. Est-ce difficile pour vous de sentir à quel moment de l'intrigue vous vous situez quand vous tournez telle ou telle scène, et dans quel état d'esprit vous devez être ?

Ah oui, tout à fait ! En plus, on ne voit pas ce que les autres acteurs tournent ! Donc, on ne connaît pas bien leur évolution. En fait, on a tourné en premier lieu toutes les scènes qui se situaient dans des décors construits, et, donc, on ne tournait évidemment pas dans l'ordre chronologique. Ce qui est très amusant, c'est que j'ai trouvé Isabelle assez dure et très austère avec moi pendant la première semaine de tournage ; c'était difficile de la dérider. Mais, en fait, elle se projette tellement dans les personnages qu'elle interprète qu'elle avait parfaitement intégré qu'on jouait alors toutes les séquences où son personnage ne m'aime pas ! Donc, elle me détestait vraiment ! C'était difficile de la détendre ; je me disais : « Putain ! Deux mois de tournage comme ça, ça va être compliqué ! » Et ensuite, la deuxième semaine, on a tourné les scènes où on commence à boire ensemble, et, immédiatement, j'ai senti chez elle un changement de caractère, elle était beaucoup plus abordable...Tellement elle est concentrée sur son personnage ! Et quand j'ai compris que son humeur dépend de ce qu'elle joue, j'ai été moins stressé... Mais mon rôle est plus facile que le sien : moi, je suis un gros bourrin pendant tout le film.

Vous êtes père, aussi ! Et ce n'est pas la première fois que vous incarnez un père à l'écran. Or vous ne l'êtes pas dans la vie. Est-ce que ça, ça reste très exotique ?

Heu, oui, ça me fait toujours un effet bizarre… On m'en file de plus en plus, des rôles de père… Mais je serais plus inquiet si on me refilait tout le temps des rôles de curé ! Mais non, ce sont souvent des rôles de maîtres-nageurs, de types athlétiques… Alors que, franchement, hein, Hugues, vous savez bien que je ne suis pas sportif ! Et c'est vrai, on me voit aussi très bien père de famille, alors que je ne suis *pas* père de famille ! Donc, c'est vraiment là que je mériterais un César, car c'est un énorme rôle de composition : je dé-tes-te les enfants ! Et j'ai quand même fait un effort !

C'est la magie du cinéma…

Oui, enfin, là, vous coupez parce qu'avec des réflexions pareilles, on vient tout de suite de perdre dix mille spectateurs ! (*Rires.*)

Anne Fontaine assiste avec plaisir à cette interview. À la fin de l'enregistrement, elle explique l'origine du titre du film : quand Benoît lui téléphone, il l'apostrophe toujours par ces termes « Allô, ici ton pire cauchemar »… Ceci explique cela. Une fois qu'elle a orchestré la rencontre explosive entre Agathe et Patrick dans Mon pire cauchemar, *la réalisatrice semble éprouver quelques difficultés à faire rebondir efficacement son intrigue, et la comédie s'étiole un peu… Au box-office français, le film atteint le score honorable de* sept cent soixante mille entrées. Un score stoppé net en novembre par l'arrivée d'une autre comédie de duo sur les écrans de l'Hexagone : Intouchables *avec François Cluzet et Omar Sy…*

L'AMI BEN

2012

Coup d'œil
dans le rétroviseur
sur vingt ans
de carrière

En mai 2012, cela fait vingt ans que Benoît Poelvoorde a fait son entrée dans le monde du cinéma avec C'est arrivé près de chez vous. *Il fête cet anniversaire en retournant sur la Croisette, le lieu de ses premiers exploits, avec un film subversif comme « C'est arrivé » :* Le Grand Soir *du tandem Kervern-Delépine.*

Ce n'est pas la première fois que Benoît collabore avec les trublions de Groland *; il a joué des petits rôles dans* Aaltra, Louise-Michel *et* Mammuth. *Mais, dans* Le Grand Soir, *il tient cette fois le rôle principal face à Albert Dupontel. Il y incarne « Not », le plus vieux punk à chien d'Europe… Comme souvent chez Kervern-Delépine, le scénario du film s'égare joyeusement, les deux compères préférant privilégier une succession de portraits de personnages hauts en couleur… À Cannes, Benoît fait la fête sans discontinuer avec ses deux réalisateurs et s'avère assez inopérant pour assurer la kyrielle d'interviews programmées pour défendre le film.*

Conscient de la richesse des archives de la RTBF le concernant – il est rarissime, peut-être même unique, qu'une chaîne de télévision suive ainsi pas à pas toutes les étapes de la carrière d'un artiste –, je suis convaincu qu'un grand portrait télévisé de Poelvoorde s'impose à l'occasion de ses vingt ans de carrière. Le principe de l'émission, intitulée très simplement L'Ami Ben *(clin d'œil à la série télévisée* Mon ami Ben *qui a bercé notre enfance), est rapidement mis au point : dans un premier temps, il s'agirait de raconter l'itinéraire de l'acteur, sur la base d'extraits de films, d'interviews et d'images d'archives. Cet itinéraire serait divisé en différentes séquences chronologiques. Ensuite, dans un second temps, Benoît visionnerait ces séquences et je le ferais réagir à chaud pour recueillir ses impressions.*

Benoît me donne immédiatement son accord sur le principe de l'émission. Reste à trouver une date dans son agenda pour l'enregistrer ; car Benoît est réputé être de plus en plus insaisissable ! Grâce à la complicité de sa femme Coralie, on trouve une date en été : Poelvoorde doit tourner à Versailles une comédie avec Kad Merad et Fred Testot, Le Grand Méchant Loup, *et on profitera d'un jour de relâche dans son planning de tournage pour le convier à notre projet, intitulé* L'Ami Ben.

C'est ainsi qu'une après-midi de juillet, dans les salons du domicile de l'ambassadeur de Belgique à Paris, transformés en plateau de télévision avec moult éclairages et caméras, Benoît nous rejoint, souriant et détendu. Je lui propose de parcourir le sommaire des séquences ; il ne veut rien savoir : « Laisse-moi la surprise ; je te fais entière confiance », me dit-il. Les propos qui suivent sont la retranscription fidèle de ses réflexions faites ce jour-là à l'issue de la projection des séquences.

Avec vingt ans de distance, comment revoyez-vous votre première apparition cannoise pour C'est arrivé près de chez vous ?

C'est à la fois très amusant et très troublant, parce que je ne me regarde jamais en interview ! Je ne regarde déjà plus les films que je tourne, alors les interviews... Je ne me relis pas non plus, sauf si vraiment on m'y oblige... Donc, de revoir tout ça, c'est assez difficile, enfin, disons, délicat, parce qu'on n'est jamais conscient de la manière dont on évolue : est-ce que c'est cohérent ?

Moi, ce que je trouve formidable, quand on voit ça avec le recul, c'est qu'on sent que tout ça vous tombe dessus !

Ah oui ! Quand je nous revois à trois, tout jeunes, à la présentation de « C'est arrivé », je réalise que nous avons été totalement dépassés par le succès du film ; on a fait un an et demi de promotion – c'est énorme, vous imaginez ! Je ne ferais jamais un an et demi de promo pour n'importe quel film maintenant –, on a parcouru le monde entier, on découvrait tout parce que tout nous était offert, et, finalement, tu perds quand même assez vite le contact avec ce qui est de l'ordre du réel ! D'autant que ça ne voulait rien dire pour moi, à l'époque, « faire du cinéma » !

Justement, vous aviez fait l'ERG, l'École de recherche graphique à Bruxelles... Pour faire quoi ? De la bande dessinée ?

Pour faire de l'illustration et de la pub. Et j'en ai fait, hein ! J'ai même fait une exposition pour les enfants où j'expliquais les dangers de toutes les pollutions qui existaient ; c'était avec Bruno Belvaux, le frère de Rémy. J'avais travaillé dessus pendant un an, et, quand je suis parti au Festival de Cannes, mon employeur, à savoir la Province de Namur, m'a donné congé pendant quinze jours... Et c'est en revenant que Bruno, qui était mon interlocuteur à la Province, m'a dit : « Mais tu ne vas pas revenir bosser ici ! » Mais sinon, j'étais prêt à retourner travailler à la Province, parce que je ne me voyais pas très bien faire du cinéma ! D'abord, parce que je n'avais aucune aptitude à ça ; j'avais fait un film avec mes potes, mais je n'avais jamais lu un vrai scénario ! Parce que nous avions écrit un truc assez simple ; dans « C'est arrivé », il y a un seul personnage qui s'adresse à la caméra, il n'y a pas d'autre interlocuteur si ce n'est celui qui va mourir en face et qui n'avait, en général, pas de texte ! Autant Rémy et André avaient ensemble fait une école de cinéma et avaient une certaine connaissance du cinéma, autant moi, pas du tout ! Donc, de mon côté, tout ça me tombe vraiment dessus !

Comment optez-vous, après *C'est arrivé près de chez vous*, pour le théâtre ? Parce que c'était avec Bruno Belvaux ?

D'abord j'ai voulu arrêter tout ce délire ! J'ai eu peur à un moment... Je suis né dans le cinéma à Cannes, mais, ensuite, nous sommes allés dans plein d'autres pays. Saviez-vous que le film a été acheté par Martin Scorsese pour une diffusion en laserdDisc aux États-Unis ? J'ai fait la couverture de magazines américains qui titraient « Poelvoorde, le De Niro belge » ! Ça vous tombe dessus, vous ne comprenez plus rien, vous ne savez plus qui vous êtes, en fait ! Après, c'est Bruno qui m'a proposé : « Tu ne veux pas faire une pièce de théâtre avec moi ? Comme ça, tu sauras oui ou non si tu es fait pour ce métier ! » Car la meilleure façon de le savoir, c'est quand même de mouiller son maillot sur une scène ! Et, par la suite, c'est en jouant au théâtre que les gens de la télévision et du cinéma sont venus me voir. Parce qu'au demeurant, ils se disaient que le type qui jouait « C'est arrivé », de deux choses l'une : soit il est complètement con, soit c'est un acteur qui sait jouer !

Philippe Harel, qui vous découvre au théâtre, vous choisit pour *Les Randonneurs*, puis pour *Le Vélo de Ghislain Lambert*. Ensuite, c'est Benoît Mariage avec *Le Signaleur, Les convoyeurs attendent*... Sans oublier vos complices de Monsieur Manatane pour *Les Portes de la gloire*... Quand on regarde cette liste, on a l'impression que vous fonctionnez terriblement à l'affectif...

Ah oui, tout à fait ! Je cherche aussi beaucoup la confiance, car j'ai peur, quand même ! Ça se voit beaucoup dans mes interviews de l'époque. Et la manière que j'ai de la combattre, c'est de préparer moi-même les projets ou d'aller avec des gens en qui j'ai une totale confiance. À ce moment de ma vie, quand je me revois, on sent que j'ai encore peur.

Quand je fais *Monsieur Manatane* ou *Les Portes de la gloire*, c'est encore moi qui contrôle le truc et, si ce n'est pas moi, ce sont des gens de confiance. Quand je commence à aller dans des plus grosses productions, c'est avec Philippe Harel. Puis je rencontre Jojo – José Garcia – sur « Le Vélo », qui sera également avec moi sur *Le Boulet* : on sent que j'avance prudemment, et que j'ai encore la trouille !

Et est-ce que ce n'est pas José Garcia qui vous aide à « changer de braquet » ?

Ah si, tout à fait ! Nous sommes très amis – ce qui est assez rare dans le cinéma ; avec José, ça a été un vrai coup de foudre... Lui a été beaucoup plus fort que moi – il l'est encore, d'ailleurs : il travaille beaucoup plus que moi ; à l'époque, il avait beaucoup plus confiance en ce que nous pouvions faire en entrant dans un genre de cinéma populaire sans pour autant s'y brûler les ailes.

J'ai le souvenir que c'est aussi José qui vous prévient : « Attention, si tu acceptes une production comme *Le Boulet*, tu vas devoir te taper des plateaux promo comme *Les Enfants de la télé*, mais n'aie pas peur, on va y aller ensemble »...

C'est exact !

Il vous sert un peu de canne blanche dans cet univers-là, non ?

C'est tout à fait vrai ! Parce que, quand vous entrez dans ce genre de grosse production, vous avez ce qu'on appelle « le service après-vente » ! Et bon, j'étais déjà perçu comme « un bon client » par les télévisions, mais j'avais encore peur. C'est José, avec qui j'ai fait beaucoup de tournées promo, qui, ayant une grande technique de la télé, m'a beaucoup aidé. Et il m'a averti : « Attention, tu gagnes de l'argent sur ce type de production, tu ne peux pas leur dire "Je ne fais pas de promo" ! » C'est d'ailleurs un cercle vicieux : vous entrez dans un système où, quand on vous engage dans les films, ça fait partie du salaire qu'on vous donne que de mouiller votre maillot en tournée promo ! Ce qui peut assez vite amener à une des choses qui fatiguent le plus dans le cinéma – en tout cas en ce qui me concerne, et qui m'a fatigué assez rapidement : être en permanence en représentation, et jouer autre chose que ce que vous êtes, en fait ! Devoir toujours être en forme, au top… Et là, quand je revois mes interviews de cette époque-là, je sens que je suis encore inquiet : « Est-ce que c'est bien ? Est-ce que j'aurais dû faire ça ou pas ? » J'essaie de faire des blagues, mais je ne suis pas super à l'aise ! Et même dans mes choix de films ! Quand j'écris *Les Portes de la gloire* avec Pascal Lebrun, je suis inquiet : « C'est notre genre d'humour, mais est-ce que les gens comprennent ? » Je ne suis pas encore très à l'aise pour communiquer…

Après l'énorme succès de *Podium*, on vous découvre dans un second rôle dans *Narco* ! Curieux choix, non ?

Ça mérite une explication, parce que ça exprime bien les choix que je fais à l'époque. Quand j'accepte de tourner *Narco*, je remplace au pied levé un acteur qui

s'est désisté quinze jours avant le début du tournage.
Je ne connais pas les réalisateurs, ni Gilles Lellouche,
ni Tristan Aurouet. Je rencontre Gilles, c'est quelqu'un
qui me plaît tout de suite, parce qu'il a une vraie personnalité. En plus, je me rends compte que, si jamais je
ne prends pas ce rôle, le film ne se fera pas. Or cela fait
deux ans que Gilles et Tristan l'écrivent. Je rencontre
à cette occasion Alain Attal, le producteur des « Films
du Trésor ». Vu mon bon contact avec Gilles, je lui dis :
« O.K., je le fais ! » Vous considérez, Hugues, que le film
n'est pas bon ; je ne suis pas aussi sévère que vous, les
scènes que je tourne, à les revoir aujourd'hui, me font
encore rire ! Je fais ça au pied levé, ce qui me caractérise
vachement bien, et pareil pour *Atomik Circus* : c'est un
ratage complet, on est bien d'accord ! Mais à l'époque,
le producteur qui est derrière ce projet est celui qui
a produit *Les Portes de la gloire*. Par amitié, je lui avais
promis des années auparavant : « Si vous faites un film
avec les frères Poiraud – c'est leur vrai nom, ils auraient
pu s'appeler Navet, mais, enfin, bon –, je vous suis ! » Je
tourne avec Vanessa Paradis, on s'est énormément amusés à le faire… Mais ça ne suffit pas pour faire un film
qui amuse le public !

**Ce qui est formidable, c'est qu'il y a le même
leitmotiv dans tout ce que vous dites :
« Ils sont sympathiques », « par amitié »,
« donner un coup de main »…
Vous êtes constamment dans le coup de cœur !**

Absolument ! Et je me souviens avoir eu une remarque
de mon agent à ce sujet – j'ai toujours eu le même,

elle s'appelle Isabelle de La Patellière. À l'époque, quand j'accepte de faire *Narco*, alors qu'elle n'aime pas le scénario, je lui dis « Je le fais par amitié », et elle me répond : « On ne fait pas du cinéma par charité. »

Est-ce que c'est aussi une manière de vivre « l'après-Podium » ? Faire descendre la pression ?

Je me souviens vous avoir dit après *Podium* : « Ça ne m'a pas changé » – j'espère que vous me le diriez si j'avais changé… Mais je dois préciser deux ou trois choses. *Le Boulet* avait été un succès populaire ; *Podium*, lui, a vraiment été un succès rapide, voire fulgurant, qui a créé un rapport très intense avec le public. Ce qui m'a totalement impressionné après *Podium*, c'est le rapport de proximité avec les gens…

Même l'album du film s'est vendu !

Oui ! Et j'ai tenu à ce que cet album ne soit pas à mon nom, mais au nom de mon personnage Bernard Frédéric, parce que je ne voulais pas insulter les gens qui faisaient vraiment de la musique… Par la suite, ce qui a été plus difficile pour moi à gérer, c'était d'être assimilé à ce rôle, comme je l'avais été avec *C'est arrivé près de chez vous*. Je ne pouvais plus aller nulle part sans qu'on ne me mette « Cette année-là » en musique de fond… Or je ne suis PAS fan de Claude François ! Heureusement, c'est à Jérémie Renier, maintenant, qu'on diffuse « Cette année-là », depuis le film *Cloclo* ! C'est à lui de se taper cette mauvaise blague quand il rentre dans une boîte !

Après le succès populaire, il va y avoir le contre-emploi total dans *Entre ses mains* d'Anne Fontaine...

Là, je commence à me remettre en question, quand même ! Anne Fontaine, c'est vraiment la personne qui va m'amener dans un cinéma auquel je n'aurais jamais songé appartenir !

En plus, on sait très bien que, dans le cinéma français, il y a des « familles »...

Oui, tout à fait ! Cela dit, je persiste à dire qu'à l'âge que j'ai, 48 ans, un rôle grave est plus facile à interpréter que de jouer dans une comédie rythmée, hein ! Et je continue à le penser aujourd'hui. Mais bon, à l'époque, je ne savais pas encore que je mettais les pieds dans le cénacle des gens qui murmurent...

Et le film d'Anne Fontaine amène celui de Nicole Garcia, *Selon Charlie*, et, là, on sent que vous souffrez...

D'abord, il faut expliquer pourquoi j'ai accepté le film de Nicole. Parce que son producteur, c'est Alain Attal, avec qui j'avais fait *Narco*, et qui est devenu mon ami. J'accepte aussi parce que c'est un film choral et parce que j'adore Nicole Garcia, j'adore ses films. Sur le tournage de *Selon Charlie*, je souffre parce qu'elle me bride, et je ne trouve pas que le résultat à l'écran est à la hauteur des contraintes de jeu qu'elle m'a imposées au tournage. En même temps, j'ai été docile parce que j'étais face à des gens compétents ; et, malgré cette expérience, j'aime toujours Nicole Garcia !

Dans la foulée, il y a *Du jour au lendemain* avec Philippe Le Guay...

Là, j'aimais beaucoup le *pitch*... Mais, hélas, aimer le *pitch* ne fait pas le film ! Je pense que je portais les plus vilains costumes que j'aie jamais portés à l'écran, et c'est une des plus grosses casseroles de ma carrière, parce je dois jouer dans une comédie musicale... C'est à partir de ce moment que j'ai décidé que je ne chanterai plus jamais dans un film ! On me fait danser et chanter dans ce film avec des horribles costumes, haha ! C'est un manque de goût évident, et ça, c'est une vraie casserole !

Et vous évoquez à ce moment-là votre désir d'écrire votre propre film...

Aah, l'Arlésienne de l'écriture ! Alors là, je vous rassure tout de suite, Hugues : je n'écrirai et ne réaliserai PAS moi-même un film ! À l'époque, j'y croyais encore : « Allez, c'est vrai que ce serait mon rêve de devenir moi-même réalisateur et d'aller au bout de quelque chose »... Eh bien non ! Je suis devenu suffisamment paresseux pour l'admettre, je suis réaliste et capable de me dire qu'à mon âge, c'est fini, je n'ai pas grand-chose à raconter de plus... Mais à l'époque, j'y croyais encore !

À cette époque, vous vous raccrochez aussi à ce rêve parce que vous êtes proche du surmenage, avec trop de gros tournages qui s'enchaînent...

Et trop de promo ! Et il y a cet « Astérix », cette machine de guerre qui va me mettre par terre !

« Astérix » et aussi *Les Deux Mondes, Les Randonneurs à Saint-Tropez*... C'est une période douloureuse, et, en même temps, elle est émouvante parce qu'on sent que, quelque part, vous êtes piégé par votre générosité...

J'ai aimé le personnage de Brutus dans «Astérix», mais je ne me suis pas rendu compte de l'ampleur du machin ! Et ensuite, j'ai enchaîné les films sans souffler, et je me suis fait dépasser par le système ! Vous vous croyez plus fort que lui, mais le système vous rattrape. Il n'y a pas moyen de faire autrement ; à un moment, je me suis fait manger tout cru, parce que − il ne faut pas se mentir − la façon que j'ai eue de tenir le coup, quand j'étais sans cesse sous pression, c'était de picoler ! Ça me permettait de ne plus réfléchir − je ne dis pas pendant les tournages, mais bien pendant la promo ! Car, ce qui m'a mis vraiment la tronche par terre, ce sont les tournées promo. En ce qui concerne les tournages, j'y trouve encore un certain plaisir. Par exemple, quand je tournais *L'Autre Dumas* de Safy Nebbou, j'ai pris beaucoup de plaisir à retrouver Gérard Depardieu avec qui je m'étais très bien entendu sur « Astérix ». Mais ce qui m'a fait prendre conscience que je dérapais complètement, c'est *Cowboy*. Au moment où j'ai visionné le film de Benoît Mariage − c'est d'ailleurs la dernière fois où je me suis regardé au cinéma −, j'ai eu l'impression que le personnage du film, c'était moi ! J'ai vraiment eu le sentiment de me voir, moi ! Alors que, quand je l'ai interprété, je n'avais pas du tout ce sentiment. Ce fut une claque de voir ça : j'ai eu le sentiment, comme le personnage que je joue, de m'être complètement planté, d'entraîner avec moi des tas de gens dans ma galère... C'est peut-être de la psychanalyse de bazar, mais c'est vraiment ce que j'ai ressenti à la projection. C'est un film qui m'a meurtri – et, en même temps, que j'aime particulièrement, car c'est ce que j'ai fait de mieux, à mon avis – parce que c'est vraiment moi. Je joue au premier degré, je ne me regarde pas en train de jouer. Je joue d'ailleurs toujours au premier degré ; même quand j'interprète Brutus, je joue l'abruti, je fonce ! Le problème, c'est que je m'investis trop dedans, que ça m'épuise et que j'ai pris des mauvais réflexes pour me défendre.

Vous dites que le système est toujours plus fort... Est-ce que vous êtes prisonnier de profiteurs qui voient en vous l'acteur « bankable » ?

Non, il n'y a personne d'autre que moi qui est responsable, JE suis responsable ! C'est trop facile de dire « Ce sont des gens qui profitent de moi », ce n'est pas vrai ; c'est *moi* qui me suis mis dedans ! Et c'est vaniteux que de ne pas le reconnaître... Mais cette frénésie de tournages, cette ronde de tournées promo, c'est une fuite ! Je me suis souvent posé la question avec mes proches, je me demande : « Pourquoi je fais ça ? Ai-je tellement besoin d'être aimé ? » Et puis, 43 ans, c'est un âge où tu te remets en question quoi qu'il arrive... Mais je vois bien avec le recul que je me mets tout seul dans la mouise, que je me livre en pâture et que c'est bien moi qui ai choisi de le faire ! La suite des « Randonneurs », j'y suis allé tout droit, tout seul, encore une fois par amitié, mais ça ne me dédouane pas de l'avoir fait ! Et, encore une fois, c'est Anne Fontaine qui va me sortir de cette impasse. Quand elle me propose le rôle d'Étienne

Balsan dans *Coco avant Chanel*, je ne veux pas le faire !
Parce que je suis au bout du rouleau, je suis en conflit
ouvert avec Yann Moix parce que je me suis retiré de
son projet *Cinéman*, et je suis à terre ! Anne insiste, mais
je ne me vois pas du tout en aristocrate qui fait du cheval – je déteste faire du cheval, ce n'est pas mon truc –
et elle me dit : « Laisse-moi faire. » Et c'est elle qui me
remet le pied à l'étrier ; elle me rassure en disant : « Tu
peux être aimé dans le cinéma. » Parce que je devenais
parano, à la fin ! Or personne ne me déteste dans le
cinéma, il faut arrêter de délirer…

**Vous retrouverez le goût des tournages avec, entre
autres, *Les Émotifs anonymes* et *Rien à déclarer*…
Nous arrivons au terme de cette émission ; quel effet
cela vous a fait de revoir votre parcours ?**

C'est très étrange ! Et assez attachant… Je suis moi-
même troublé par ce que j'ai déjà fait… Et en même
temps, ce n'est pas grand-chose ! Je me dis : « Tout ça
pour ça, Seigneur ! »

**Oui, mais, pour moi, le maître mot qui se dégage
de tout ça, c'est « générosité », c'est « fidélité en
amitié »…**

Oui, sans doute ! Mais ce n'est pas à moi… Personne
ne se vante d'être généreux ! C'est difficile de trouver le mot de conclusion… Ah si, je sais ! Si je devais
expliquer tout mon parcours, je dirais simplement : « Je
me cherche ! » Je suis né dans le cinéma par accident,
je débarque il y a vingt ans, et ensuite j'essaye de com-

prendre comment ça va fonctionner, je découvre avec les gens… Je cherche, je me pose encore des questions, et je n'ai pas les réponses ! Ce qui est évident aujourd'hui, c'est que je me suis plus investi dans des projets difficiles, beaucoup moins populaires, qui vont avoir beaucoup plus de mal à se vendre. Je fais maintenant des choix avec l'envie de ne pas me faire bouffer, d'être capable de garder un pied dehors… Et c'est assez difficile, dans le monde du cinéma, de garder un pied dehors ! Je ne sais pas si c'est viable, je n'ai pas encore la réponse.

LES RAYURES DU ZÈBRE

2014

L'Afrique
et Benoît Mariage

« *Je me suis investi dans des projets plus difficiles* », *affirmait Benoît dans* L'Ami Ben. *L'année 2013, les cinéphiles qui suivent de près son parcours en auront la preuve avec deux films dramatiques très sombres, réalisés par des femmes :* Une histoire d'amour, *premier long-métrage de l'actrice Hélène Fillières, et* Une place sur la Terre *de Fabienne Godet.*

Une histoire d'amour *s'inspire du roman* Sévère *de Régis Jauffret. Le roman lui-même traite d'un sulfureux fait divers datant de 2005 : la découverte du cadavre du banquier Édouard Stern vêtu d'une combinaison de latex. L'enquête révélera que le puissant homme d'argent s'adonnait à des jeux sadomasochistes avec sa maîtresse.*

Lecteur curieux et insatiable, Poelvoorde avait dévoré le livre de Jauffret. C'est ce qui l'a incité à accepter ce rôle difficile, sous la direction d'une réalisatrice débutante. Lors de l'enregistrement de L'Ami Ben, *il me confie à quel point le tournage fut éprouvant et pénible, sans s'étendre plus sur la question. Et, en janvier 2013, à la sortie d'*Une histoire d'amour, *il refusera d'en faire la promotion, laissant sa partenaire Laetitia Casta seule pour faire le boulot… Le film, description plus froide que vénéneuse d'une relation de domination, laissera la majorité des spectateurs de marbre. Et ils seront peu nombreux dans les salles.*

Plus intéressant est le film Une place sur la Terre *qui sort à la fin de l'été 2013. Il y est aussi question de relations complexes entre un homme et une femme : le film dépeint la rencontre entre Antoine, un photographe misanthrope, et Elena, une jeune étudiante à la sensibilité d'une écorchée vive… Benoît Poelvoorde est magnifique de pudeur et d'émotion contenue dans ce drame intimiste, mais la réalisatrice Fabienne Godet déçoit un peu avec une intrigue trop lâche, qui laisse ses attachants personnages à la dérive. À l'instar d'*Une histoire d'amour, Une place sur la Terre *connaît une carrière très discrète, en France comme en Belgique.*

Après cette année en demi-teinte, Benoît revient sur le devant de la scène belge en janvier 2014 pour défendre son troisième long-métrage avec son vieil ami Benoît Mariage : Les Rayures du zèbre.

Comme pour ses films précédents, le réalisateur de Cowboy *puise son inspiration dans la réalité. Le personnage de José Stockman, incarné par Benoît Poelvoorde, est au départ calqué sur l'itinéraire authentique d'un ancien journaliste sportif reconverti en dénicheur de jeunes footballeurs en Côte d'Ivoire.*

Derrière ses allures de « grosse comédie populaire » – l'affiche, à la limite de la vulgarité, entretient d'ailleurs le malentendu –, le film Les Rayures du zèbre *brocarde avec une certaine subtilité les comportements opportunistes et profiteurs de chacun, qu'ils soient Blancs ou Noirs…*

Mais, si le film est majoritairement bien reçu par la critique en Belgique, il sera, en revanche, rejeté par nos voisins d'outre-Quiévrain. Il fallait s'y attendre : le passé colonial de la France en Afrique est très différent de celui de la Belgique, et certaines références culturelles agitées avec ironie par Benoît Mariage passent très mal la frontière… Quoi qu'il en soit, Poelvoorde vient soutenir son ami pour « vendre » le film.

Pour ce rôle, Benoît Mariage pensait d'abord à François Damiens...

Oui, parce que cela faisait longtemps que Benoît voulait couper le cordon avec moi ! C'est évidemment délicat parce qu'on est très amis... Benoît est quelqu'un d'extrêmement pudique, très timide... Et son scénario, je l'ai lu avant qu'on me le propose ; même s'il n'était pas pour moi. Mais Franz − c'est comme ça que j'appelle Damiens − était trop jeune pour le rôle ; alors Mariage m'a dit : « Est-ce que tu veux le faire ? » Je lui avais, en effet, dit adorer le sujet, que je le trouvais magnifique, quoique très complexe. Je lui ai répondu : « Sans problème, O.K., je le fais. » Mais je savais bien qu'au départ, il aurait préféré se séparer de moi !

Et il vous a dit : « Ce serait mieux avec l'accent bruxellois »...

Ah ça, ça a été une grosse bagarre entre nous deux ! Je lui ai répondu : « Si je prends l'accent, ça va ressembler à la "Revue des Galeries", cet inénarrable spectacle bruxellois de fin d'année ! Une heure et demie avec un type qui dit "Je vais manger une petite frite, alleï une fois", ça va être insupportable ! Les gens savent bien comment je parle au naturel ! » Mais Benoît m'a dit : « Mais tu as pris l'accent dans *C'est arrivé près de chez vous* ! » « D'accord, mais à l'époque, on ne me connaissait pas ! Et j'avais quatre accents que je mélangeais au gré des scènes. » Alors qu'ici, j'étais super réticent, car, comme je le répète volontiers : « Il n'y a rien de pire qu'un Belge qui imite un Belge ! » Je ne *voulais pas* de l'accent sur ce film. Et en même temps, j'ai vu certaines scènes du film lors de la postsynchronisation, et, sur certaines choses, je dois dire que Benoît a eu raison… Parce qu'il y a des phrases tellement horribles qui ne seraient pas passées sans l'accent.

Vous le dites bien : c'est un super sujet, mais c'est super casse-gueule ! Car on peut vite tomber dans la grosse caricature…

Ah ça ! Vous n'imaginez pas comme j'ai pu emmerder Benoît en lui disant : « On va finir par faire un docu pour TV5 Afrique ! » En plus, il a changé toutes ses habitudes de tournage – il n'y a que moi qu'il a gardé ! – il a changé de chef opérateur et pris Benoît Dervaux, le collaborateur des frères Dardenne, qui bouge avec sa caméra… On a tourné avec des non-professionnels, ce qui en Afrique n'est pas simple, et, là-dessus, Benoît me demande de prendre l'accent bruxellois ! Ça a été terriblement difficile. Je lui ai dit : « De deux choses l'une, soit on fait une merde insondable, et tu assumes le truc, soit ça fonctionne ! » Mais je n'ai pas vu le film. Vous l'avez vu, Hugues ? Si c'est un navet, dites-le-moi !

Non, je trouve que le regard que Benoît Mariage pose sur le sujet est subtil parce qu'il renvoie deux démarches intéressées, celle des Belges et celle des Africains, dos à dos…

Exactement ! J'ai tout de suite aimé cette complexité, dès la lecture du scénario. Le monde fonctionne comme ça. Benoît avait déjà capté l'ambiguïté des comportements de chacun dans *Les convoyeurs attendent*. Quand tu examines ce film, je campe un photographe qui couvre les faits divers, il a un univers assez glauque, mais le regard de Benoît le rend intéressant. Je pense qu'il a cette espèce de constance dans son cinéma ; et c'est trop facile de résumer son style au travail qu'il a fait pour l'émission *Strip-tease* : il filme toujours avec un léger décalage… Moi, j'avais peur qu'il fasse un film cliché, mais son regard permet d'éviter ça.

Votre personnage, José, est à la fois profiteur et généreux, tout comme les Africains qu'il côtoie… Chaque personnage a une double facette…

Mais… comme tous les êtres humains, Hugues !

C'est tout ? Rien à ajouter ?

(*Surpris par ma réaction, Benoît Poelvoorde part alors dans un fou rire inextinguible… puis reprend.*) Là, tu m'as tué ! J'ai vu dans ton regard : « Tu crois que je me suis déplacé avec un cameraman pour obtenir des réponses pareilles ? »

En fait, je te… Je vous pose la question parce que je sais qu'en France, le point de vue du film est mal compris ; certains journalistes y voient du racisme…

C'est vrai ! J'ai eu une question d'une journaliste qui tournait autour du pot : « C'est un film… heu… » « Un film comment ? » lui dis-je. « Raciste ? » J'ai failli prendre un dictionnaire pour lui faire lire la définition du mot « raciste » ! C'est bien simple, c'est la première fois de ma vie où j'ai la trouille en interview. Je me dis que je vais finir par dire une connerie ; je ne sais déjà pas comment dire : « Les Blacks ? » « Les Noirs ? »… C'est comme si je marchais sur des œufs !

Justement, dans cette époque du « politiquement correct », avez-vous l'impression que le film est dérangeant ?

Ah totalement ! Ah ça, j'en suis sûr ! Quand j'avais lu le scénario, j'avais dit : « Personne ne le produira ! » Et personne n'en a voulu au départ ; on a mis deux ans à réunir le budget. Il y a des répliques tellement… Si je dis avec un gros accent : « L'Afrique ne gagnera jamais la Coupe du Monde ! Parce que, dès qu'ils remportent un match, les joueurs vont fêter ça en baisant comme des fous ! » Les Africains, ça les fait rire, cette tirade. Mais si je dis la même chose sans accent, avec un air sérieux, je passe immédiatement pour un facho ! C'est pour ça que Benoît Mariage m'a imposé l'accent. Et une des scènes que je préfère, c'est quand la copine africaine de José l'insulte ; elle lui dit « Pourquoi crois-tu que je reste avec toi ? Pour moi, les questions de morale, elles viennent quand l'assiette est pleine ! Quand l'assiette est pleine, on a le droit d'être moral ! » C'est une phrase horrible, mais c'est vrai ! On m'a aussi reproché que le film soit sexiste : « Dès que José sort de l'aéroport, il va baiser une pute ! » Mais ça existe, des types qui se comportent comme ça en Côte d'Ivoire ; ça fait partie du sujet du film ! Mais, parfois, je botte lâchement en touche, je dis : « Ce n'est pas moi qui l'ai écrit, le film ; je ne fais que l'interpréter ! » Je suis malin, quand même, hein ! (*Il rit de plus belle.*)

LA RANÇON DE LA GLOIRE

2014

Benoît
dans le cinéma d'auteur

En septembre 2014, Benoît Poelvoorde est au générique de deux films présentés à la Mostra de Venise : un drame, 3 cœurs de Benoît Jacquot, et une comédie, La Rançon de la gloire de Xavier Beauvois. En lice pour le Lion d'Or, aucun des deux ne se retrouvera au palmarès.

Le film 3 cœurs flirte ouvertement avec le mélodrame. Un soir, à Valence, Marc (Poelvoorde) rate son train pour Paris et rencontre Sylvie (Charlotte Gainsbourg)… C'est le coup de foudre. Ils décident de se donner rendez-vous à Paris, sans prendre la peine d'échanger leurs coordonnées. Victime d'un malaise, Marc rate le rendez-vous et perd l'amour de sa vie. Plus tard, de retour à Valence, il noue une relation avec Sophie (Chiara Mastroianni), sans savoir qu'elle est la sœur de Sylvie…
Truffé d'invraisemblances, rythmé par une musique « décalée » digne d'un thriller hollywoodien, le film 3 cœurs ressemble à une mauvaise caricature de film d'auteur français. Le talent de Benoît Poelvoorde n'est pas en cause, il joue avec retenue et justesse… Mais un acteur, aussi talentueux soit-il, ne peut pas à lui seul combler les faiblesses d'un scénario.

Benoît vit la même mésaventure avec La Rançon de la gloire. *Pressenti pour être sélectionné à Cannes après le triomphe de son film* Des hommes et des dieux, *Xavier Beauvois doit se contenter d'une présence à la Mostra de Venise. Le sujet de son film est étrange : pourquoi donc s'emparer d'un fait divers scabreux, le vol du cercueil de Charlie Chaplin à Noël 1977, pour tenter d'en faire une comédie ?* La Rançon de la gloire *s'attarde inutilement à dresser le portrait fictif des deux ravisseurs, incarnés par Roschdy Zem et Benoît Poelvoorde, et ne trouve jamais ni son ton ni son rythme.*

Intrigué sur les raisons qui ont poussé Benoît à accepter un projet aussi bancal, je suis curieux de réaliser cette nouvelle interview avec lui...

J'ai cru comprendre que, contrairement à Xavier Beauvois, vous n'êtes absolument pas fan de Chaplin...

C'est tout à fait exact, je confirme : je n'ai pas d'affection particulière pour Chaplin, c'est d'ailleurs grâce à Xavier que j'ai pu rentrer dans l'univers de Chaplin et réaliser à quel point il avait du talent, et que c'était vraiment un génie... Mais je reconnais que je ne suis pas très cinéphile. Évidemment, dire « Je n'aime pas Chaplin », c'est un crime de lèse-majesté ! En fait, je n'ai rien pour, rien contre, mais je reconnais son immense talent ! De toute manière, cela n'a pas été utile pour faire le film. D'ailleurs, quand Xavier m'a parlé du film, il m'a dit : « Je ne te demande pas de l'aimer ; je te demande de voler son cercueil ! »

Le cinéma de Xavier Beauvois est a priori un cinéma assez éloigné de vous. Vous m'aviez dit avoir envie d'aller désormais vers un cinéma pas évident pour vous. Est-ce que *La Rançon* de la gloire fait partie de cette envie ?

En l'occurrence, quand on m'a appelé pour me dire que Xavier Beauvois voulait me rencontrer pour me proposer son prochain film, j'ai vraiment cru que c'était une plaisanterie, parce que je pense que nous sommes quand même diamétralement opposés. D'ailleurs, quand on m'a dit « Xavier Beauvois veut faire une comédie », j'ai réagi : « Ah bon ? Ça me paraît bizarre ! » Et puis j'y suis allé, non pas parce que je veux changer quoi que ce soit, mais il se fait que j'avais déjà rencontré Xavier dans des conditions festives et que j'avais envie de voir ce qu'il mijotait et, enfin, parce que j'ai aimé plusieurs de ses films. Quand il m'a raconté l'anecdote véridique du vol du cercueil de Chaplin, je n'y croyais pas ! Et lui, qui est un véritable amoureux de Chaplin, m'a obligé à regarder *Limelight*… Et puis j'ai trouvé intéressant de travailler avec lui parce que c'est quelqu'un d'assez spécial… Donc, de ma part, c'était plus de la curiosité que de l'envie de changer de registre : j'étais curieux de voir comment il travaillait, voilà !

Le vol du cercueil est effectivement un fait authentique, mais a-t-il beaucoup brodé quant à l'identité des ravisseurs ?

Ah, ce n'est pas un « biopic » sur les deux voleurs ! Ils provenaient des pays de l'Est, je crois, et la réalité est plus sordide que ce que le film de Xavier raconte, car je pense qu'ils ont menacé la famille de Chaplin… En fait, tout ça n'a pas beaucoup d'importance pour Xavier. Il n'a conservé que l'anecdote initiale : ces deux abrutis qui, peu après les funérailles, ont volé le cercueil de Charlie Chaplin, l'ont enterré ailleurs et ont demandé une rançon. Xavier a beaucoup brodé parce que ce qui l'intéressait à travers cette affaire, c'était rendre hommage, à travers une sorte de conte, à celui qui, selon lui, a vraiment fait naître le cinéma. Je suis allé présenter le film en Suisse, où l'on m'a rétorqué que l'histoire originelle était assez glauque, ce à quoi j'ai répondu qu'on ne voulait pas faire une biographie de ces deux ravisseurs qui sont des « bras cassés ». On m'a demandé : « Ça ne vous a pas gêné, l'aspect glauque de cette histoire ? » J'ai dit « non », parce que le film penche plus vers le conte que vers la reconstitution scrupuleuse de la réalité.

Vous faites pour la première fois tandem avec Roschdy Zem qui, lui aussi, vient d'un cinéma différent du vôtre, non ?

Oui, tout à fait ! Et ce qui est assez amusant, c'est que nous ne nous sommes pas rencontrés une seule fois avant le tournage ! Et comme Roschdy a un physique assez grave, qui peut faire croire qu'il est souvent fâché, je me suis dit de prime abord que ça ne serait peut-être pas facile de tourner avec lui… Eh bien, pas du tout ! Il est assez zen, très calme et très rigolo ! Roschdy avait déjà travaillé avec Xavier. Et il faut savoir que quand on travaille avec lui, on rejoint une véritable famille ; Xavier a toujours les mêmes collaborateurs auprès de lui, donc, c'est moi qui suis rentré dans sa famille en me demandant si j'allais être intégré, et j'ai été bien accueilli. J'ai eu un plaisir fou à tourner avec Roschdy parce qu'il joue très, très bien ! Et comme il a ce physique qui peut faire un peu peur, ça marche super bien pour le rôle.

Hormis le plaisir de ces rencontres, qu'est-ce qui vous plaisait dans ce scénario ?

Ah, mais, une fois encore, ce qui m'intéressait, c'était de travailler avec Xavier Beauvois ! Il y a un film qu'il a fait que j'aime particulièrement et qui s'appelle *Le Petit Lieutenant* ; j'aime beaucoup également *Des hommes et des dieux*, et j'avais envie de savoir comment il travaillait. On ne peut pas dire que c'est le scénario ou le personnage qui me plaisait dans ce projet, parce que Xavier ne livre *rien* avant le tournage ! Je l'ai rencontré, il est resté quatre jours chez moi – ce qui n'est jamais arrivé dans ma vie – et il avait cinq pages de synopsis, qu'il ne m'a même pas données. Il m'a juste raconté le début de son film ; il savait juste que son premier plan, ce serait « Eddy, arrête de faire le clown »… Après ça, après avoir dit « oui », je n'ai rien reçu. C'est seulement un jour avant le tournage que j'ai reçu une sorte de scénario approximatif. Ce qui signifie que, quand vous tournez avec lui, il ne faut pas penser que vous allez forcément tourner ce qui est écrit, car, selon lui, le film se crée vraiment au tournage… En conclusion, je ne peux vraiment pas vous dire que c'est mon personnage qui m'a convaincu de faire ce film : je ne savais rien ! J'ai dû regarder *Limelight* à 5 heures du matin, c'est tout ! Moi, je définis Xavier comme assez « elliptique » : je ne savais pas où il voulait aller, tout ce qu'il fallait que je retienne, c'est que je m'appelais Eddy Ricard et que j'allais voler le cercueil de Chaplin !

Quand on a peu d'informations et qu'on va sans doute partir dans des improvisations, est-ce qu'on ne risque pas de retomber plus facilement dans des tics de jeu et de se reposer sur ce qu'on sait faire ?

Ça, oui ! Mais ce n'était pas vraiment de l'impro ! Xavier a une structure ; ensuite, il griffonne quelques notes dessus, et puis il vous donne le tout et vous vous débrouillez avec ! Maintenant, si vous trouvez que ça me ramène dans des systèmes que je sais faire, c'est peut-être qu'il n'a pas assez regardé de films avec moi !! Et peut-être que vous en avez vu trop !! Haha !

Non, c'est juste une question que je pose par rapport au travail du comédien… Là, vous vous retrouvez en hiver en Suisse, dans des décors de roulotte pas vraiment désopilants, comment fait-on pour s'amuser sur le tournage ?

Ah, vous me faites rire ! J'aime beaucoup votre crescendo : en HIVER, en SUISSE, en ROULOTTE !! Non, je vous rassure : je me suis beaucoup amusé en Suisse, j'étais à Vevey, ce n'est quand même pas le bagne ! Là où je vous rejoins, c'est sur la roulotte. Le milieu du cirque est un univers qui m'angoisse un petit peu, je ne peux pas vous le cacher ; dès que je sens l'odeur de la sciure, je fous le camp en courant… Ça, ça a été un peu compliqué. La Suisse, c'est très beau… Après, c'est un petit peu… Comment dire ? On finit sa vie à Vevey, on ne la commence pas… Je n'avais pas l'intention de m'installer, non plus ! Mais je me suis amusé parce que regarder tourner Xavier, ça vaut son pesant de cacahouètes ! Même moi qui ai une certaine habitude des gens décalés, je me suis dit en le voyant « Houlà ! » Je l'ai observé, et je n'ai jamais été aussi calme sur un plateau que sur celui-là : je n'avais qu'à regarder !

Qu'est-ce qui était étonnant à ce point ?

Eh bien, il est turbulent, il est un peu… sauvage, quoi ! On ne sait jamais ce qui va se passer dans sa tête. Je vous assure, c'est la première fois de ma vie où je suis resté éberlué sur un plateau : « Oh ! Mais qu'est-ce qu'il a ? » me suis-je demandé plus d'une fois, bouche bée… Alors il faut savoir que tout le monde se crie dessus : lui et sa chef opératrice Caroline Champetier s'engueulent régulièrement, ça hurle, ça va dans tous les sens… J'étais même un petit peu confus parce que les Suisses sont des gens assez délicats, et je me disais : « Mon Dieu, ils doivent nous prendre pour des sauvages ! » Je n'ai pas arrêté de dire : « Je ne suis pas Français, je suis Belge, je ne ressemble pas à ces gens-là ! »

Vous avez tourné *3 cœurs* avec Benoît Jacquot, vous tournez avec Xavier Beauvois… C'est amusant, car le cinéma français fonctionne très fort par « chapelles » et par « familles »… Est-ce parce que vous êtes Belge que vous arrivez finalement à tourner dans plein de chapelles différentes ?

Oui, mais, en général, vous aurez remarqué que, quand j'arrive dans leur chapelle, c'est fini ! Ils prennent une taule, leur film fait un four !! Hahaha… En général, c'est toujours mauvais signe : je suis un peu comme quand la Mort arrive avec sa faux, et que tu te dis : « Oh ! Déjà ? » « Eh oui, me voilà chez toi, ding dong, lalalalèèère… » Je fais leur film, et c'est le moment du bide… Pardon ! C'est le « moment de la remise en question sur leur travail » : en tant qu'acteur, je sers à ce que le réalisateur se remette en question : il se pose à nouveau des questions après la sortie du film ! Je finirai par croire qu'ils s'imposent tous cet exercice de style : tourner avec moi pour se remettre en question ! Hum…

De toute façon, c'est leur problème et pas le vôtre, puisque, vous, vous n'allez pas voir le film !

Non, c'est vrai : je ne vais pas le voir ! Donc, je fais du mieux que je peux, mais bon ! Peut-être que je ne

porte pas chance au cinéma d'auteur ! Mais, effectivement, succès ou échec, ce n'est pas de mon ressort, je
fais mon job de mon mieux… Mais je finis par me dire :
« Mon Dieu, les pauvres ! » De la même manière que je
me demande : « Merde, pourquoi, moi, j'arrive toujours
après le succès du film précédent ? » Vous comprenez ce
que je veux dire : je ne fais pas le *bon* « Astérix », je ne
fais pas le *bon* film de Machin…

**Justement, est-ce que vous pensez que vous allez
retourner vers une grande comédie populaire après
ces films « risqués », « aventureux », « d'auteur » ?**

Risqués, n'exagérons rien ! Bon, on me propose encore
beaucoup de comédies, mais je n'arrive plus à faire
des trucs où, à chaque ligne du dialogue, je sais déjà ce
que mon interlocuteur va répondre ! La mode, dans les
comédies françaises, c'est du dialogue non-stop ! Alors
qu'on ne parle pas tout le temps, dans la vie, on ne passe
pas son temps à faire des bons mots ! Tout ça me fatigue
un peu… Je vais plutôt aller, comme vous le dites très
bien, vers du cinéma « risqué », parce que le projet est
difficile… Mais, aujourd'hui, le cinéma traverse une
vraie crise, les films sont si difficiles à monter que je n'ai
même plus besoin de dire oui ou non à un projet, je me
dis : « De toute façon, il ne se montera pas, c'est trop
compliqué ! » Il n'y a que Jaco Van Dormael qui arrive
encore à monter un film malgré un sujet et un scénario complexes. Mais il se bat… Alors que, normalement,
on ne peut pas y arriver ! C'est devenu très compliqué
aujourd'hui, sauf si tu fais des comédies « proum proum
zouin zouin »…

J'ai été sur le film de Jaco : on sent tout de suite que c'est un tournage millimétré... Est-ce que, pour vous, acteur, la marge de manœuvre n'y est pas très réduite ?

C'est vrai, au début du tournage, j'ai eu un peu peur de ça, et puis, j'ai découvert que Jaco donne beaucoup de latitude à l'acteur, mais dans un ordre des choses bien préétabli. Mais ce n'est pas grave, tu t'adaptes, tu apprends ! Par contre, juste avant *Le Tout Nouveau Testament*, j'ai refait un film avec Jean-Pierre Améris, avec qui j'avais tourné *Les Émotifs anonymes*, et la sensibilité de Jean-Pierre ne s'est pas arrangée avec le temps. Le film s'intitule *Une famille à louer*, j'y partage l'affiche avec Virginie Efira... Et je peux vous dire que Jaco, en comparaison avec Jean-Pierre, c'est très, très facile ! J'avais oublié à quel point Jean-Pierre est pointilleux ! En plus, il avait peur de ne pas refaire aussi bien que « Les Émotifs », parce qu'il n'avait fait que deux comédies jusque-là, et les deux fois, c'est avec moi... Là, je peux vous dire que j'ai vraiment ramé, à devoir recommencer *telle* phrase avec *telle* intonation ! À côté de ça, le film de Jaco, c'est une promenade ! Et pourtant, Jaco est déjà très maniaque, c'est vous dire !

Vous commencez à avoir une filmographie qui a beaucoup de titres au compteur... Quelle est la formule magique pour avoir chaque fois envie de se replonger dans un tournage ?

La rencontre avec les réalisateurs ! D'abord, qu'est-ce qui fait que je lis un scénario tout de suite ? En général, je mets un mois ou deux, parce que ça me fatigue de lire les scénarios : d'abord, parce que c'est une lecture fastidieuse, ensuite parce qu'après lecture, ça m'oblige à décider si je le fais ou pas... Et comme je suis très paresseux ! Là, j'ai reçu un scénario de Dominik Moll, je me suis di : « Tiens, comme je connais ses films, je vais le lire tout de suite ! » Je l'ai trouvé vraiment bien, c'est une comédie ; je l'ai rencontré, ça s'est très bien passé, donc j'ai dit : « O.K., sans problème ! Quelles que soient les conditions, je le fais, c'est super ! » Voilà, je pars à l'aventure avec Dominik Moll, je ne peux rien vous dire de plus que les vingt minutes que j'ai passées avec lui. Je l'ai trouvé extrêmement courtois, poli, élégant et à la hauteur de ce qu'il avait écrit... Peut-être que, dans un an et demi, je vous dirai « Il est fou à lier », je n'en sais rien ! Mais la rencontre, ça, j'y crois beaucoup ! C'est ce que je privilégie maintenant le plus dans ce métier.

LE
TOUT
NOUVEAU
TESTAMENT

2015

Et Dieu
dans tout ça ?

La fidélité en amitié est une des plus belles qualités de Benoît Poelvoorde. C'est ce qui explique sans doute qu'il se soit embarqué dans un projet comme Une famille à louer *de Jean-Pierre Améris, sorti en août 2015.*

Cette comédie reprend le principe antédiluvien de l'attraction des contraires, si cher déjà à Anne Fontaine. Une famille à louer, *c'est en quelque sorte l'inverse de* Mon pire cauchemar *: après la grande bourgeoise (Huppert) et le prolo (Poelvoorde), voici le grand bourgeois (Poelvoorde) et la prolo (Virginie Efira). Paul-André, un homme richissime et dépressif, découvre à la télévision l'infortune d'une maman qui vole dans les supermarchés pour nourrir ses enfants. Ému par son sort, il conclut avec elle un curieux marché : il accepte de régler ses dettes, en échange de quoi il peut partager avec elle sa vie de famille…*

Le scénario cousu de fil blanc n'est pas le seul problème du film. L'erreur de Jean-Pierre Améris réside déjà dans ses choix de casting : ni Poelvoorde ni Efira ne sont crédibles dans leurs rôles respectifs. On aurait imaginé plus volontiers Fabrice Luchini et Mathilde Seigner, par exemple… Mais cela n'aurait pas rendu cette comédie plus indispensable.

Heureusement, la rentrée 2015 de Benoît Poelvoorde est marquée par un film nettement plus ambitieux et original : Le Tout Nouveau Testament, quatrième long-métrage du cinéaste bruxellois Jaco Van Dormael, écrit en collaboration avec le romancier Thomas Gunzig. L'argument imaginé par les deux auteurs est irrésistible : Dieu existe, il habite à Bruxelles avec sa femme et sa fille, et c'est un parfait salaud. Ea – c'est le nom de la fille de Dieu – veut se venger des mauvais traitements qu'elle subit, « hacke » l'ordinateur de son père et révèle par texto les dates de mort de tout le monde… Dieu perd de son pouvoir, et, pour tout un chacun, surgit la question : « Que fais-je du reste de ma vie si je sais quand je vais mourir ? »

Dans cette comédie existentielle riche de trouvailles visuelles tantôt poétiques tantôt désopilantes, Benoît Poelvoorde, revêtu d'un peignoir informe, s'en donne à cœur joie pour incarner ce Dieu sale type. On retrouve tout ce qu'on aime chez lui : sa verve, son charisme, son sens de l'autodérision…

Lui qui « zappe » de plus en plus les tournées promotionnelles (il a brillé par son absence pour la sortie d'Une famille à louer) accepte, cette fois, de rencontrer la presse. Par amitié pour Jaco… Mais il reste sur un mode badin.

Ce Dieu infect est-il bien perçu par tout le monde ?

J'ai eu vent d'une journaliste du *Figaro* qui a adoré le film quand il est passé à Cannes, qui a écrit un article très élogieux sur lui, et qui m'a dit ensuite qu'elle avait reçu une lettre d'une lectrice qui lui disait en substance « À présent, dans mes prières, je vous souhaite l'enfer » ! Vous imaginez ? Je me suis dit : « Ouille, j'espère que ça ne va pas me retomber sur la gueule, ce genre de réactions ! » Donc, tout de suite, je vais me dédouaner en déclarant : « Ce n'est pas moi qui ai écrit ce scénario, moi je ne suis qu'un pinceau au service de l'artiste, une petite couleur sur la palette ! » Maintenant, blague à part, je joue Dieu dans ce film, mais, initialement, ce n'était pas ce rôle-là que m'avait proposé Jaco...

Comment les choses ont-elles évolué ?

Je me souviens très bien, Jaco m'a appelé, j'étais en voiture, je revenais d'un autre tournage. Je lui avais déjà dit « OK » lors d'une soirée, car j'avais beaucoup aimé son film précédent, *Mister Nobody* ; je lui avais d'ailleurs confié : « Je veux bien tenir une bougie dans un de tes films ! » Cochon qui s'en dédit ! Quelques mois plus tard, il m'appelle pour me dire : « Est-ce que tu veux bien faire une petite participation dans mon prochain film ? » « Oui, je te l'ai promis, tu n'as pas besoin de m'envoyer le scénario. » « Si, je te l'envoie », me dit-il, en ajoutant : « Tu veux que je le fasse passer par ton agent ? » « Non, ce n'est pas nécessaire, je le lirai, ne t'inquiète pas ! » lui dis-je. Et je ne le lis pas. Les mois passent, Jaco envoie quand même le scénario à mon agent qui, elle, le lit et me dit : « Tu ne vas pas faire ça ! » « Si, je me suis engagé ! Je ne l'ai pas encore lu, mais de toute façon, c'est mon ami et, chez nous, en Belgique, ça fonctionne comme ça ! » Et puis je reçois un coup de fil de Jaco – alors que je n'ai toujours pas lu son scénario – qui me précise : « Dis, en fait, tu vas faire un autre personnage… » « O.K., pas de problème, je n'ai encore rien lu ! » « Tu feras Dieu ! » « Eh bien d'accord ! » Il ajoute : « Ça ne t'ennuiera pas de recevoir des coups ? » « Des coups ? » Ça, ça m'a intrigué, alors j'ai fini par le lire.

Plus que des coups, ce sont presque des cascades !

Il faudrait ajouter au générique de fin « Aucun animal n'a souffert sur ce tournage… sauf moi ! » J'ai failli devenir aveugle avec du shampooing, dans la scène où je sors, couvert de mousse, de la machine à laver. Je me fais attaquer par une vieille dame qui n'est pas une actrice professionnelle et qui ne mesurait pas ses coups. Quand je marche sur l'eau dans le canal, j'ai failli me noyer, car je me suis emmêlé dans mon peignoir et je n'arrivais plus à sortir de l'eau… Bref, c'était dur !

Sur le plateau, vous avez déjà une perception très claire du film tel que le conçoit Jaco ?

Ah oui, c'est vraiment le patron ! Comme ces chefs d'entreprise qui connaissent les prénoms de tous les gens avec qui ils bossent… Mais rappelons que son scénario a d'abord été refusé par toutes les chaînes de télévision françaises. Elles ne comprenaient pas : « Qu'est-ce que c'est que ce truc ? Ça va donner un film soit complètement "neuneu", soit complètement raté ! » Et je peux comprendre leur réaction parce que, quand on découvre sur le papier des scènes comme la rencontre d'Adam et Ève, on se dit : « C'est casse-gueule, quand même ! » Moi, je me dis : « O.K., c'est tout Jaco ! » Mais les Français n'ont pas compris… Les seuls qui avaient confiance, ce sont ceux qui ont déjà travaillé avec Jaco. Il connaît toute son équipe, il tourne en famille. Moi j'appelle ça « la crèche » : le fils de Machin tourne avec la fille de Truc… Son chef opérateur, Christophe Beaucarne, a fait tous les films de Jaco, ils se comprennent en un clin d'œil. Cela fait plus de vingt ans qu'il tourne, et quand il t'invite, c'est comme s'il t'intégrait dans sa famille. La confiance règne, et tu partages assez vite cette confiance. Jaco sait parfaitement ce qu'il veut, c'est très rassurant, tu ne discutes pas. Tu te mets au service de sa vision, parce qu'il a tout son film dans sa tête.

Vous répétez volontiers : « Chez Jaco, le héros du film, c'est le film lui-même » !

Oui, moi je fais avancer le récit, mais c'est tout ! C'est le film, le héros… Ou alors Ea, la fille de Dieu, parce que Pili est une vraie découverte à l'écran.

Qu'est-ce qu'il vous reste d'une expérience comme celle-là ?

Oh, l'amitié, encore renforcée ! Et une vraie satisfaction, assortie d'une vraie fierté d'avoir tourné dans ce film. Je crois que c'est le cas de la majorité de ceux qui ont travaillé dessus ; en l'absence des télés, le budget était limité et les cachets modestes… « à la belge » ! Et c'est un vrai pied de nez au système, une façon de dire : il n'y a pas nécessairement besoin d'un budget énorme pour aboutir à un résultat de qualité. Quand le film a reçu un accueil très enthousiaste à Cannes, j'ai exulté ! J'ai trouvé que c'était un formidable bras d'honneur à tous les sceptiques qui croyaient déjà savoir à quoi le film allait ressembler…

Le cinéma est un art qui réserve des surprises ; des bonnes comme des mauvaises…

Ah oui ! Vous n'imaginez pas le nombre de fois où je me suis dit lors de la vision d'un film dans lequel j'ai tourné : « Dommage, j'avais bien aimé le scénario, mais le résultat n'est pas à la hauteur de mes attentes ! Je suis déçu, je trouve que la mise en scène n'est pas terrible, qu'elle n'est pas à la hauteur de ce que j'avais espéré » Alors qu'avec *Le Tout Nouveau Testament*, le résultat est *au-dessus* de mes attentes !

En guise de conclusion...

Si l'on examine la filmographie de Benoît Poelvoorde, quel bilan s'en dégage ?

Quatre films avec Benoît Mariage. Trois avec Anne Fontaine, trois avec Philippe Harel. Deux avec Jean-Pierre Améris, deux avec Frédéric Forestier et Thomas Langmann. Des participations dans la plupart des films de Gustave Kervern et Benoît Delépine. La voix de Steven le fermier dans toute la série animée *Panique au village* de Vincent Patar et Stéphane Aubier... Benoît aime tourner avec les copains. Et, de son propre aveu, regarde de plus en plus rarement les films dans lesquels il tourne.

Comment, dans ces conditions, parler avec pertinence de ses films lors des « tournées promo » ? L'exercice, manifestement, ennuie de plus en plus l'acteur namurois. Ce qui l'intéresse, de son propre aveu, ce sont les rencontres et l'aventure humaine que constitue chaque fois un nouveau tournage. Benoît se pose beaucoup de questions, mais n'a pas de plan de carrière. C'est ce qui fait son charme... et son talon d'Achille.

Car, à force de privilégier les relations amicales comme critère de choix pour ses longs-métrages, à force de ne pas examiner le résultat sur grand écran de ses prestations d'acteur, Poelvoorde galvaude souvent son talent dans des films qui ne sont pas à sa hauteur. Pour des films très enthousiasmants comme *Podium, Entre ses mains, Le Tout Nouveau Testament*, combien d'autres non indispensables dans sa filmographie ?

Un jour, ayant la chance d'interviewer Marcello Mastroianni, je lui avais demandé en substance : « Qu'est-ce qui est préférable pour un acteur ? Souffrir en tournant un chef-d'œuvre avec un cinéaste très exigeant ou s'amuser à participer à des films sans prétention dans une bonne ambiance ? » Il m'avait répondu préférer la deuxième option… Mais Mastroianni a eu de la chance : il a tourné des petites comédies, mais il a *aussi* été l'acteur fétiche de Fellini dans *La Dolce Vita* et *Huit et demi* !

Tous ceux qui aiment Poelvoorde rêveraient qu'il rencontre son Fellini, autrement dit LE grand cinéaste capable de magnifier son originalité d'acteur dans un chef-d'œuvre inoubliable… Mais, dans le cinéma français actuel, quel pourrait être ce cinéaste ? Mystère. Espérons que la « bonne étoile » (que Benoît évoquait lui-même) lui – et nous – réservera quelques belles surprises dans les années qui viennent !

Quoi qu'il en soit, le public belge et les professionnels du cinéma de notre pays doivent une fière chandelle à Benoît Poelvoorde : grâce à son authenticité, son humour, son originalité – bref, en un mot comme en cent, son charisme –, l'image de l'acteur belge a considérablement changé en France et à l'étranger. Il n'est plus obligé de se fondre dans le paysage du cinéma français, il peut affirmer son accent, sa singularité, ses convictions en toute décontraction. Depuis Poelvoorde, le Belge est devenu « tendance » à Paris, et ce n'est pas qu'un effet de mode... Ou alors, si c'en est un, il est de longue durée... Merci Benoît !

Remerciements

Merci à Caroline Renard pour sa recherche minutieuse des enregistrements originaux de ces interviews.

Merci à Anne Hislaire et Philippe Kempen pour leur aide à réaliser *L'Ami Ben*, à Renaud Gilles et Jean-Marc Panis pour leurs compléments d'information sur *Podium* et *Le Tout Nouveau Testament*.

Merci à Valérie Calvez pour sa relecture vigilante du manuscrit.

Merci à ma femme Marie-Laure pour ses encouragements et ses suggestions.

Et, *last but not least*, merci à Benoît Poelvoorde pour sa confiance.

Du même auteur

Le Duel Tintin-Spirou, Luc Pire, 1997

Tintin et les héritiers, Luc Pire, 1999

La Nouvelle Bande Dessinée, Niffle, 2002

Peyo l'enchanteur, Niffle, 2003

Recommandé par 5 Heures (avec Rudy Léonet),
Renaissance du Livre, 2014

Achevé d'imprimer en octobre 2015 par l'imprimerie Bestingraphics (Pologne).